文明と国際経済の地平

京都大学経済研究所
附属先端政策分析研究センター［編］
松尾剛彦
石川城太
藤田昌久
溝端佐登史
服部　崇［著］

東洋経済新報社

本書は、二〇一九年七月六日に開催された、京都大学経済研究所シンポジウム「文明と国際経済の地平」の記録である。

文明と国際経済の地平［目次］

序　文明と国際経済の地平
——本シンポジウムによせて——　溝端佐登史
冷戦から世界的な危機とGゼロの世界へ　14
衝撃のシェアシフト　18
貿易摩擦から経済・技術戦争へ　22
歴史は終わらない　27
社会の寛容さをどう高めるか　29

第Ⅰ部　講　演

講演1

我が国をめぐる通商情勢と通商政策の課題

―G20での議論の背景と今後の課題―

松尾剛彦

世界が直面する貿易上の課題……40
米中貿易摩擦が世界経済に与える影響……42
米中対立が深まった経緯……44
追加関税措置と米中貿易摩擦の影響……45
貿易・デジタル経済大臣会合の声明……48
鉄鋼の過剰供給への取り組み……51
日米欧三極貿易大臣会合を開催……55

いかにして貿易による利益の均霑を図るか……58
デジタル化への対応……63
データの自由な流通の必要性……67
WTOが抱える諸課題……70
電子商取引有志国会合の立ち上げ……73
G20首脳宣言のポイント……76

講演2

自由貿易をめぐって

石川城太

自由貿易を支持する伝統的理論……81
「市場の失敗」でも自由貿易はなぜ支持される?……86
関税は最適な手段か……90
集合行為論とロビー活動……92
選挙と投票行動の政治経済学……98
アンバンドリングとメガFTAの役割……100

ＩＣＴの発達と第三のアンバンドリング …… 106
急務となったＷＴＯ改革 …… 108

講演3

グローバル化の下での多様性の促進
――アジアの視点から――

藤田昌久

多様性の中の統一という永遠のテーマ …… 115
試練に晒されるグローバル化と地域連合 …… 118
動揺する世界秩序の背景 …… 119
米中覇権争いの今後 …… 122
なぜ多様性が重要なのか …… 124
「三年寄れば文殊の智慧」は長期的に成立するか …… 126
多様性と創造について「バベルの塔の物語」から考える …… 128

空間障壁・多言語・マルチプラットフォームの効果 …… 131
知識創造社会の数学モデル …… 132
多様性と文化の二地域モデル …… 134
二地域モデルの「バベルの塔」の物語への適用 …… 136
文化の多様性と創造における一つの例示 …… 138
「中国の夢」と「一帯一路」 …… 140
究極の交通・運輸・情報インフラプロジェクト …… 142
「一帯一路構想」に期待されること …… 144
古代の「シルクロード」から何を学ぶか …… 146
九世紀における唐の長安と空海 …… 149
正倉院の宝物と日本の役割 …… 151

第Ⅱ部 討論

パネル・ディスカッション

パネリスト 松尾 剛彦
石川 城太
藤田 昌久
溝端佐登史
司会 服部 崇

新しい貿易のガバナンス …… 158
理論が追いつかない …… 160
文明の進歩には「楕円」が最適 …… 163
先進国は逆戻りできるのか …… 167
中国とどうつき合うか …… 172
移民問題の大きな誤解 …… 176
貿易より安全保障優先の傾向 …… 178

独自技術を目指す中国……179
英知は残っているか……182
最悪のシナリオ……183
貿易赤字は悪いことか……186
勢いを失ったメガＦＴＡ……188
「恵まれている」中国ＡＩ企業……190
自由貿易の旗手になれ……192
もっと歴史を学ぼう……196
交流に向けた土台作り……199
本質を見きわめる眼……200
多様性に対する寛容さ……201

あとがき　203
著者略歴　207／編者紹介　208

序

文明と国際経済の地平
—本シンポジウムによせて—

溝端佐登史

京都大学経済研究所は経済学、特に経済理論の研究を主眼とする研究機関である。先端的な研究を指向する以上、本書の課題となるような国際経済の動態にも積極的に焦点を当ててきた。多国籍企業や国際貿易、国際政治経済学や比較経済学に関するこれまでの研究成果がそれを物語る。研究所内には理論・応用研究とは別に、経済政策を専門に研究する先端政策分析研究センター（ＣＡＰＳ）が組織されており、本研究所員とともに、政府機関で実際に政策の立案や運用に携わっているプロの専門家を招聘して政策研究に取り組み、京都からの政策発信にも挑戦している。ＣＡＰＳは、政府の政策担当者が研究教育に携わるとともに、自らも学ぶという世界的に見てもユニークな研究組織だ。

本書は、二〇一九年六月二八〜二九日に開催されたＧ20（Group of Twenty：主要二〇か国・地域）大阪サミットを受けて、ＣＡＰＳが中心となって実施した京都大学経済研究所シンポジウム「文明と国際経済の地平」の記録である。

このシンポジウムでは、現下の国際経済をめぐる諸課題をどう捉えるべきか、世界的に政治経済的な摩擦が強まる中で、世界はどのように変化していくのか、世界の主要国の首脳が集まるＧ20大阪サミットの成果を踏まえて文明と国際経済の地平をどのように構想するのか、などのテーマで活発な議論がたたかわされた。

冷戦から世界的な危機とGゼロの世界へ

世界は元来、大国、超大国（スーパーパワー）、帝国にリードされて秩序が構成され、かつ大きく変化してきた。第二次世界大戦後の世界は、アメリカとソ連の覇権争いに象徴的な冷戦の上に構築された。二つの大国の統治という意味で言えばG２と言ってもいいだろう。資本主義圏はアメリカを中心とするブレトン・ウッズ体制（一九四四年連合国通貨金融会議で締結された協定に基づく自由貿易・為替相場安定のメカニズム）に依拠し、その基礎となる国際金融機関として国際通貨基金（ＩＭＦ：International Monetary Fund）、国際復興開発銀行（ＩＢＲＤ：International Bank for Reconstruction and Development）などが設立された。通貨面において、金との交換が保証されたアメリカの通貨ドルを基軸として、各国の通貨の価値を決める固定相場制度が採用され、日本は一九四九年以降一ドル三六〇円の固定相場の時代を迎える。

アメリカと旧ソ連が冷戦で激しく対立しながらも、西側資本主義陣営はこの体制のおかげで安定した経済発展を遂げることができた。国際金融・国際貿易の自由化、経済成長の政治的背景としてアメリカの安全保障が存在したのであり、ゆえにアメリカの平和（パクス・アメリカーナ）とも呼ばれる。

ブレトン・ウッズ体制は一九七一年に危機を表面化させ、日本は七三年に変動相場制に移行する。こうした事態に加えオイルショックが生じ、動揺する世界経済に対して、アメリカ一国では統治が困難になり、先進諸国が協調して介入することが求められるようになる。さらに、グローバリゼーションが著しく進展し、とりわけ一九八九年には社会主義体制の崩壊が始まり、ソ連そのものが解体し、冷戦を基盤にした国際秩序は大きく変容することになる。このように一九七〇年代以降、世界的な経済危機が私たちの目前で頻繁に繰り返されるようになり、それに対する戦後秩序は崩壊し、そうした危機の制御こそが世界の課題となる。

その上、環境問題や移民・難民問題に代表的であるが、世界全体を覆う危機の深化も深刻化している。一九七一年設立の世界経済フォーラム（WEF：World Economic Forum）は二〇〇六年以来毎年『グローバルリスク報告書』を公表している。その二〇一九年版には、さまざまなリスクの拡大が指摘されている。金融の不安定さなどのマクロ経済リスク、グローバル化と国家主義の緊張など地政学的・地経学的緊張、災害や気候変動などの環境リスク、サイバー攻撃など技術的脆弱性、感染症などの生物学的脅威、心理的ストレス、資源やコミュニティの復元力の破壊などである。危機のリスクは強まるばかりだが、それに挑戦する力は分断されているだけに、危機を制御する世界的な取り組み、つまり「グローバル・ガバナンス」が重要になってくる。

戦後の世界経済のガバナンスを振り返ろう。一九七六年に先進国クラブであるG７（七五年に六か国でスタートし、七六年から七か国。Group of Seven：主要国首脳会議）が国際協調を進めた。しかし、グローバル化の進展により新興国が躍進し世界経済に占める先進国のシェアが次第に低下すると、非公式な国際組織であるG７では世界経済の主要課題・リスクを適切に管理できなくなり、組織の内外で不満が生ずる。環境問題や世界経済危機がその典型事例である。その結果、先進国に加え主要な新興国がメンバーとなるG20が、世界経済危機の二〇〇八年以降、国際経済の舞台の中央に登場することになった。

しかし、このG20の仕組みにもひずみが目立つ。もともと共有する価値観は存在せず、G７以上に分断化されている。イランを中心とした中東の政治情勢悪化、北朝鮮をめぐる北東アジアの緊張の高まり、米中貿易戦争の勃発、イギリスのEU（European Union：欧州連合）離脱、EU内の不協和音、そしてなお中心的な位置にあるアメリカにおけるトランプ現象など、すべてが世界の不透明要因に挙げられる。すべての国が歪みを抱えるようになり、G20は問題を生み出す国・地域の集まりでもある以上、とても世界の問題を解決できる当事者には見えない。実際、G20大阪サミットは、米中貿易摩擦が解決するきっかけになると注目されたが、現実は逆であり、両国の対立が解消に向かうことはなかった。

先進国でもG20でも、それぞれのガバナンスに決め手がないとすれば、もはや世界には主導国が存在しない「Gゼロ」状態になったという見方も、真実味を帯びてくる。

Gゼロを主張するアメリカの政治学者イアン・ブレマーは著書『「Gゼロ」後の世界――主導国なき時代の勝者はだれか』（北沢格訳、日本経済新聞出版社、二〇一二年）の中で「G20は機能しない、G7は過去の遺物、G3は夢物語、G2は時期尚早、ようこそGゼロの世界へ」（五三ページ）と述べている。誰も世界のリーダーにならない、なれないというわけだ。「世界のリーダーになるという課題に対応できる、単一の国または永続的な国家連合が存在しない不安定な状態」の誕生を意味する。

中国が覇権国としてアメリカに取って代わるという見方は、それほど支持されているわけではなく、多くの論者が慎重だ。「西欧型の資本主義は腐敗したが、しかし非西欧型の資本主義がそれに取って代わるということもないだろう。非西欧型の資本主義と言えば中国が挙げられるが、この国は多くの理由で、資本主義の指導者としての地位を引き継ぐことも、資本主義をさらに進歩させるためのグローバル秩序をもたらすこともできないだろう。…資本主義は生まれ変わることも別の秩序に置き換えられることも不可能になるだろう」(W. Streeck, *How will Capitalism End?*, Verso, 2016, p. 37)とさえ言われている。

衝撃のシェアシフト

G20の大阪宣言では、世界的に成長は低位のままであり、そのなかで覇権の交代、先進諸国の影響力の低下をもたらす世界経済の最大の要因として「貿易と地政学をめぐる緊張の増大」が挙げられている。

根源には、新興国の著しい経済成長と、それに伴う先進国と新興国の世界経済に占める地位(GDPシェア)の逆転がある。図表序-1によると、中国やインドなど新興国と途上国を合計したGDP(購買力平価ベース)の比重が二〇〇〇年ころから急上昇し、二〇〇七〜〇八年ころにはついにアメリカ、EUなど先進国を合計したGDPの比重を追い抜いてしまったことが明らかになる。無論、先進国のGDPもまた増加はしているのだが。

図表序-1　世界のGDPの変化

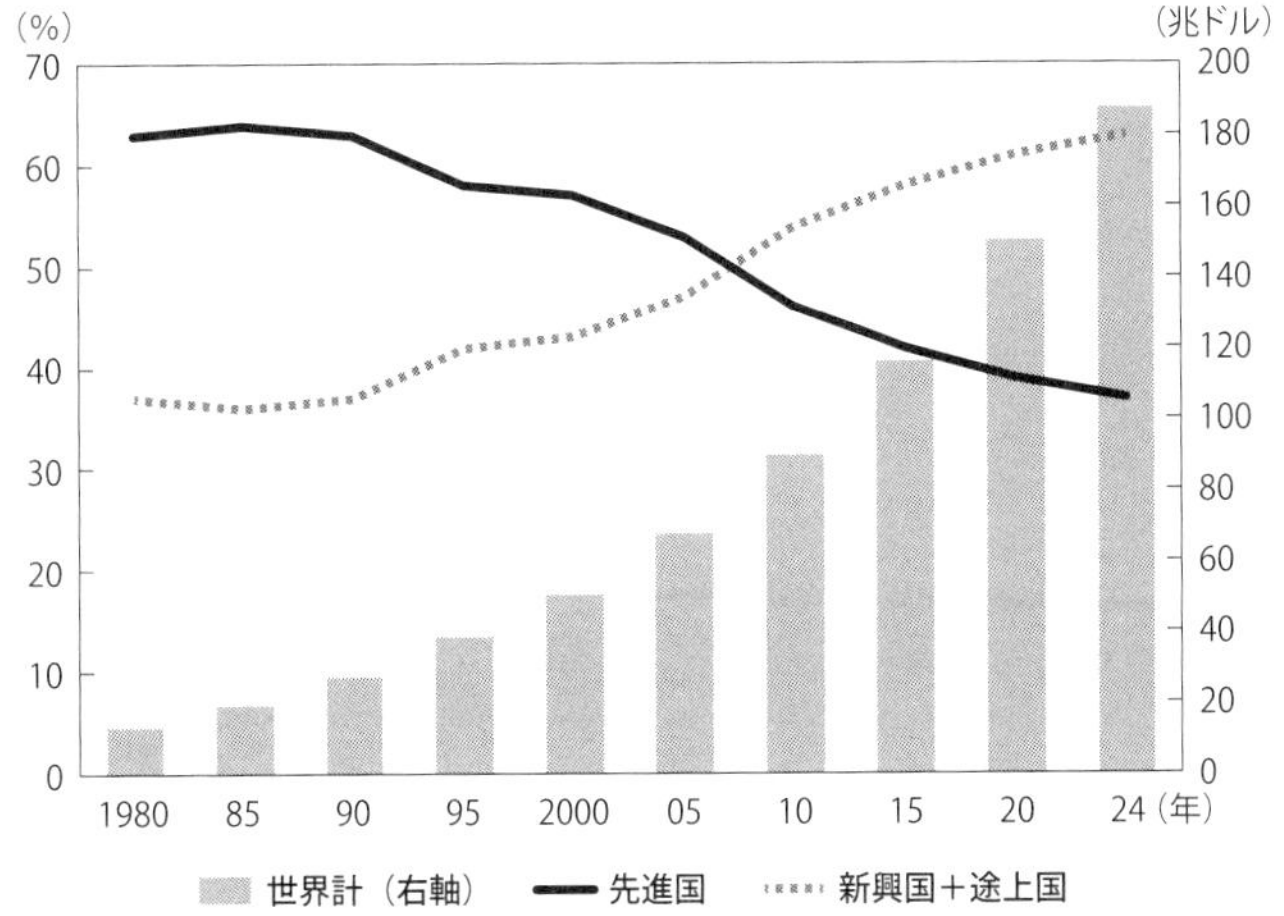

（出所）IMFデータベース

図表序－2は、G20主要国の世界に占めるGDPシェアの推移を示している。EUとアメリカが徐々に比率を落とす一方で、中国とインドが急上昇している。日本もEUとアメリカと同様にその地位を引き続き下落させている。

要は、世界は一九九〇年代以降大きく変わり、経済的に主導するエリアが変化したということだ。こうした世界経済における主役交代の原動力になったのがグローバリゼーションだが、『世界経済　大いなる収斂――ITがもたらす新次元のグローバリゼーション』（遠藤真美訳、日本

図表序-2　G20主要国のGDPシェア

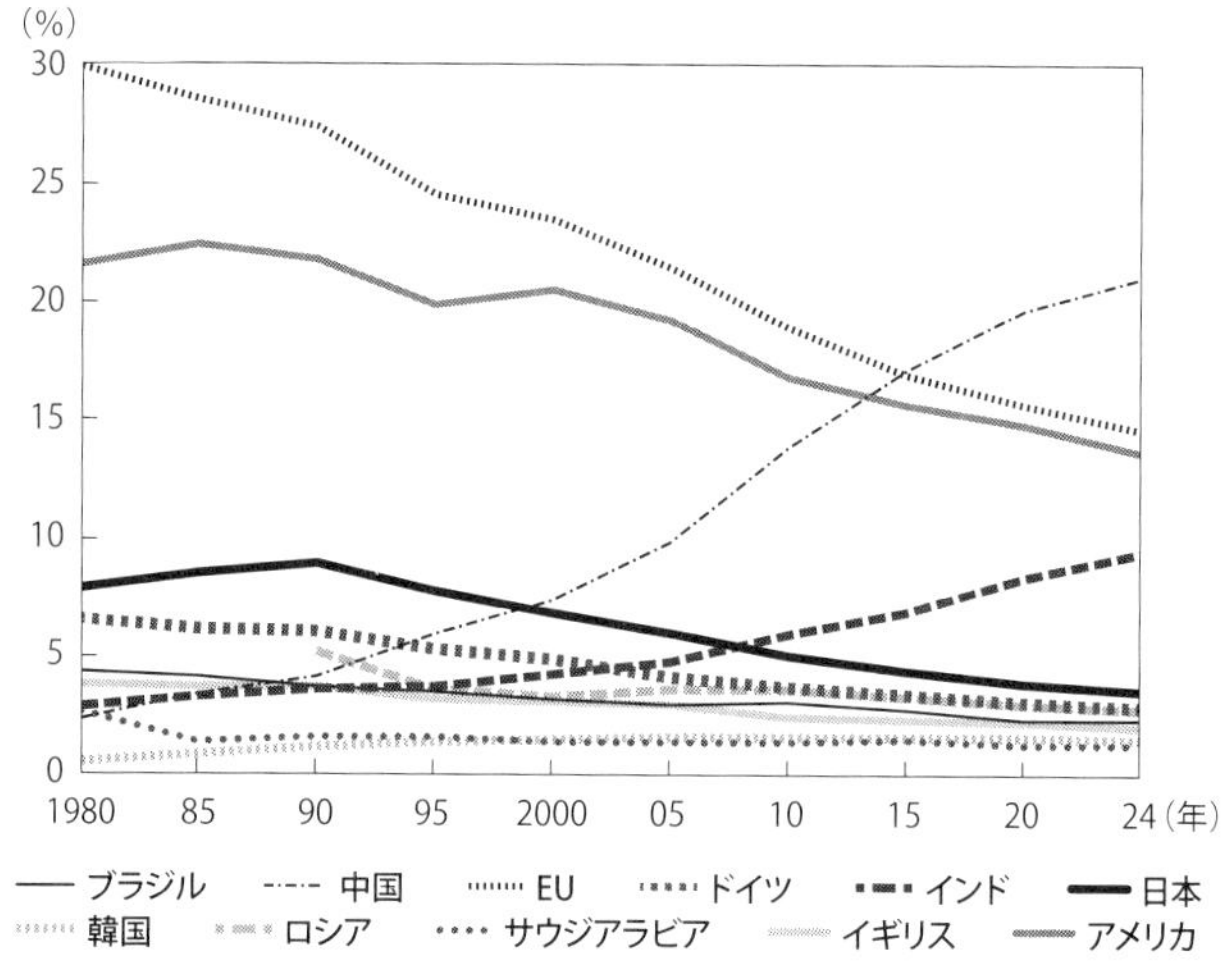

(出所) IMFデータベース

経済新聞出版社、二〇一八年)を著したリチャード・ボールドウィンの見方を紹介しよう。

彼によると、グローバリゼーションとは生産と消費の結合(バンドリング)を段階的に解いていくプロセスのことである。「空間を越える市場の統合」を意味する。これまで生産と消費の分離を阻んできたのは、三つの「距離のコスト」だった。モノを移動させるコスト、アイデアを移動させるコスト、ヒトを移動させるコストだが、これらのコストが大幅に低下したことで、グローバリゼーションが一気に加速したのである。

たとえば一八二〇～一九九〇年は、蒸気革命や産業革命、自由貿易によって「北」に生産が集中し、大いなる分岐（Great Divergence）が生じた。

ところが一九九〇年ころから、ニュー・グローバリゼーションが始まり、こうした流れが変わった。ＩＣＴ（情報通信技術）革命が工場や生産工程の海外移転を後押しし、マーケティング、経営管理、技術ノウハウの海外移転（グローバル・バリュー・チェーン革命）や、サービスを中心にした国際生産ネットワーク化が大きく進展した。その結果、「北」が脱工業化（製造業の世界におけるシェアの低下）し、「南」の一部では工業化が進み、大いなる分岐は反転（Great Convergence）することになった。

その結果、製造業の中心地に変動が生じた。「衝撃のシェアシフト」である。中国、韓国、インド、ポーランド、インドネシア、タイなどの新興国が世界の中心に躍り出たのだ。これに伴い、先進国と新興の成長国の貿易にも変化が生じ、産業内貿易が拡大した。かつて途上国は幼稚産業育成のような保護政策で成長を模索したが、近年の新興市場経済の成長は自由主義的な政策に依拠していることに最大の特徴がある。もちろん、成長する新興経済はどこでもよいというわけではない。先進国からの距離、資源の保有状況、市場（人口）

規模が成長要因になり、そうした国々は先進国の企業から魅力ある投資国とも見なされた。

貿易摩擦から経済・技術戦争へ

シェアシフト、Gゼロの状態が生ずると、成長する国とその挑戦を受ける国の間でも摩擦が強まる。グローバリゼーションの中で、貿易の不均衡（グローバル・インバランス）が二〇〇〇年代以降世界的な経常収支不均衡の形で目立つようになった。アメリカの貿易赤字、中国あるいは資源輸出諸国やドイツの貿易黒字がその代表例だ。その結果、先進諸国と新興経済の間の摩擦は強まる。すなわち、グローバリゼーションに伴う国際的な貿易・投資の拡大によって自由貿易・自由化の恩恵を受け取る国家資本主義国。ポピュリズムなど国内政治の反動で反グローバル化が指向され、国益重視の名の下に保護主義的に行動する先進国。この両者の間で亀裂が深まっている。

しかもこの亀裂は貿易だけでなく、技術や安全保障の分野にまで広がり、経済戦争、さらに言えば「文明の衝突」とさえ見なされるようになっている。

米中の対立において関税が注目されるが、同時に、中国の華為技術（ファーウェイ）に対

図表序−3　中国華為技術（ファーウェイ）のスマホ部品数・金額換算

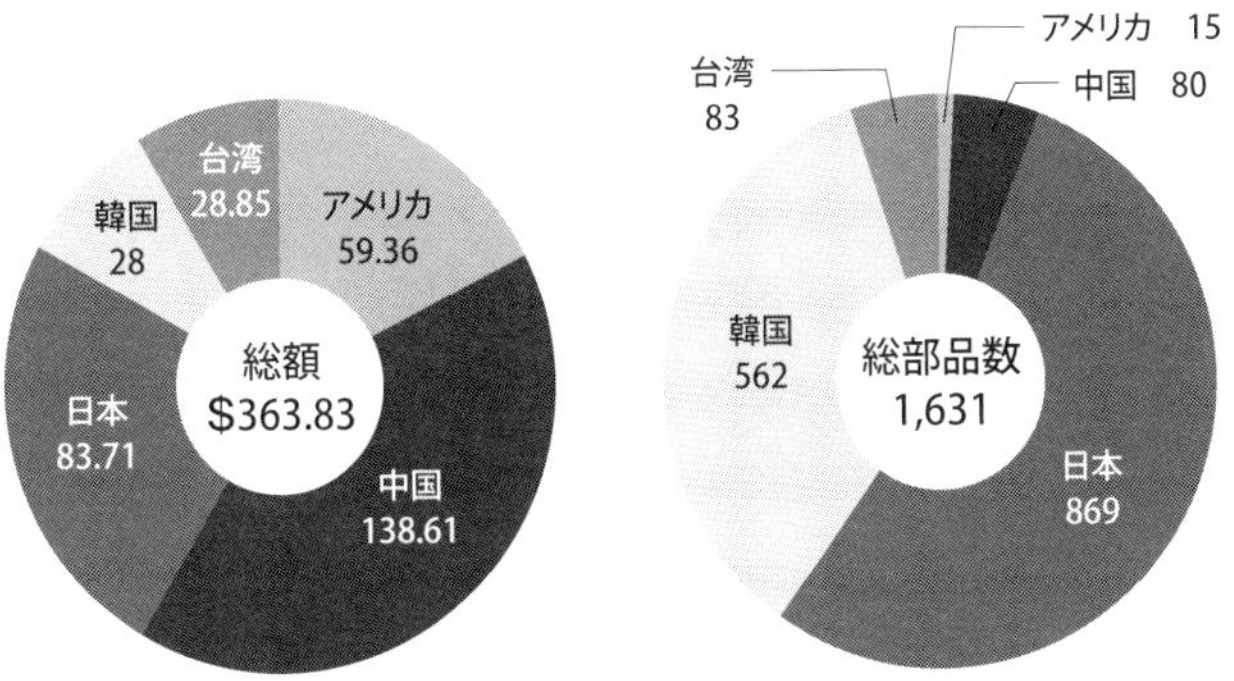

（出所）『日本経済新聞』2019年6月27日付け

するアメリカの制裁（事実上の輸出禁止）が両国の対立の象徴とも言える。しかし、対立は貿易収支に還元できるほど単純なものではない。図表序−3は、『日本経済新聞』（二〇一九年六月二七日）に掲載された記事（中国・ファーウェイ「スマホ分解　見えた相互依存」）だ。ファーウェイのスマートフォン（P30 Pro）に含まれる部品数を見ると、中国で製造されている部品数の割合はわずか五％に過ぎない（金額換算で三八％）。これに対し、アメリカは金額ベースで部品の一六％を占め、ファーウェイの製品が必ずしも「メイド・イン・チャイナ」と呼べず、先進諸国（先進国企業）との相互依存の上に製造されていることが明らかになる。アメ

図表序-4　グローバルイノベーション指数によるランキング

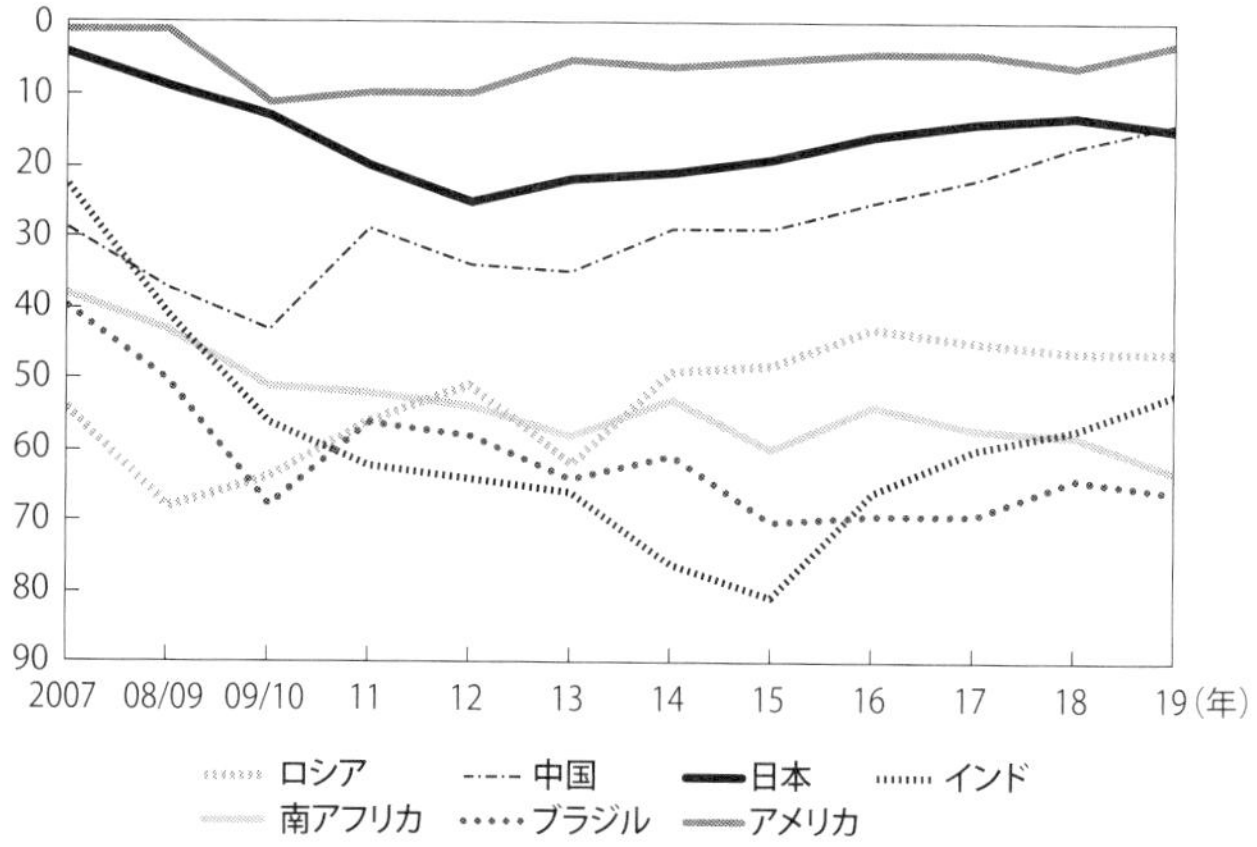

（注）グローバルイノベーション指数は、社会にイノベーションの豊かさをうまく捉える測定基準や接近方法をいかに見出すのか、研究論文数や研究開発支出水準のような伝統的なイノベーションの尺度をいかに凌駕するのかを規定する簡略な目標。
（出所）WIPO "Global Innovation Index" 各年度版

リカが中国国家資本主義の象徴として制裁をかける企業はグローバル・バリュー・チェーン抜きには成り立たないのだ。グローバリゼーションがもたらすGゼロの世界における国家間の対立は、そのままグローバリゼーションの果実をめぐる争いとなっている。ファーウェイはさらにイノベーションをめぐる対立を示しており、その意味では経済戦争は安全保障と緊密に結びつく。

図表序-4は、世界知財機関（WIPO：World Intellectual Prop-

図表序−5　グローバルイノベーション指数における主要因の比較
（ランキング、2019年、計129か国）

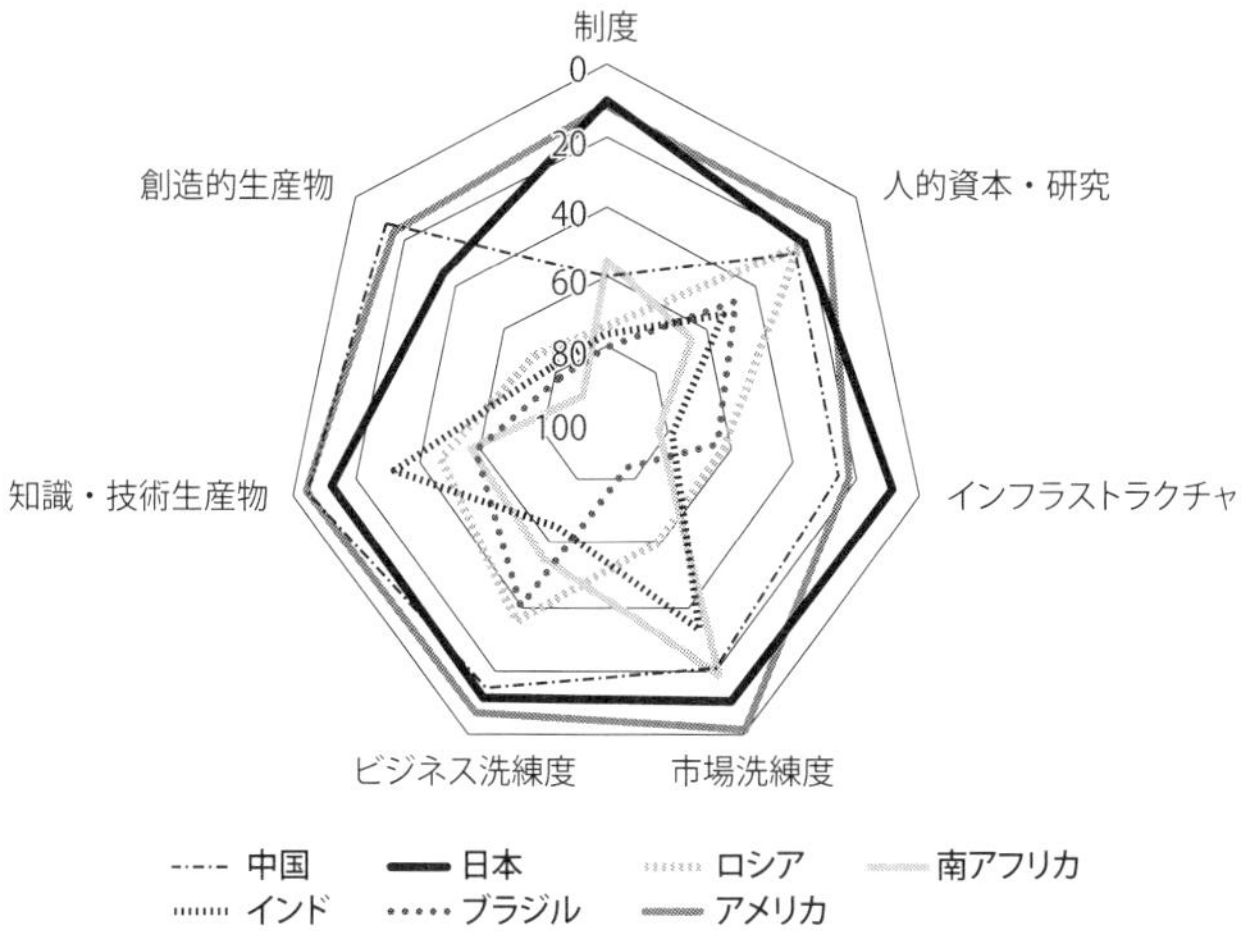

（出所）WIPO "Global Innovation Index 2019"

erty Organization）が公表しているグローバルイノベーション指数によるランキングである。アメリカや北欧の優位は揺るぎないが、中国、ロシアが急速に伸びていることが確認できる。もっとも、同機関の分析は、各国間でのイノベーション指数には大きな相違性があり、新興経済は総じて制度、市場、インフラ、人的資源のどれをとっても、先進諸国に劣っていると見られている。しかし、当事者間の競争は強まっている（図表序−5）。

現下のイノベーションは「第

四次産業革命」と呼ばれるが、先進国、中国、ロシアなどの国々の間でイノベーションにおける優位的位置をめぐる競争が起きており、それはGゼロ世界における主導性と結びついている。上記イノベーション指数ランキング上位には北欧諸国が名を連ね、高度人材育成（教育）とイノベーション立国が当該国を特徴づける。ドイツは二〇一三年にIndustry4.0を提起し、EUもまたイノベーション・ユニオンなど積極的に対応している。アメリカでは、先進技術のビジネス利用加速のために二〇一四年に産業インターネットコンソーシアムが設立され、二〇一五年アメリカイノベーション戦略が採択され、トランプ政権はビジネスと安全保障の立場からイノベーションを重視し、中国との対立を鮮明にしている。日本は二〇一六年「ソサエティ5・0」を提起している。一方、中国は重点分野を設定し世界トップクラスの製造業の形成を目指す「中国製造二〇二五」を発表し、トップダウン型の方法で戦略を進めている。ロシアも生き残りをかけ二〇一四年「ナショナル技術イニシアチブ」を実施し、デジタル経済化を積極的に推進している。

現在のGゼロ世界における論点の一つは、先進国と新興国の競争のフィールドが貿易から技術・安全保障へと移動していることだ。

歴史は終わらない

本シンポジウムは国際経済の現状をどう見るのかとともに、もう一つの課題、文明に対する視座を論点に挙げている。戦後の冷戦は終結したが、ロシアのグルジア紛争、さらにクリミア編入によりロシアと欧米諸国の対立が強まり、それに米中対立が加わることで、「新冷戦」と呼ばれる状態が形成されている。新冷戦の始まりは言うまでもなく旧社会主義諸国の崩壊である。フランシス・フクヤマは著書『歴史の終わり』（渡部昇一訳、三笠書房、一九九二年）で、民主主義と自由経済の勝利をもって、平和と自由と安定が無制限に続くと主張した。

こうした普遍的な価値に支えられた世界秩序に対し、歴史は終わらないという立場から、冷戦後の世界を文明パラダイムから分析したのがサミュエル・ハンチントンの『文明の衝突』（鈴木主税訳、集英社、一九九八年）だ。文明は文化の広範なまとまり、アイデンティティを指し、ハンチントンによれば、世界には中華文明、日本文明、ヒンドゥー文明、イスラム文明、西欧文明、東方正教会文明、ラテンアメリカ文明という七つの主要な文明が存在し、西欧の力の衰退と多文明化が生じていると見る。

もちろん西欧諸国は圧倒的な支配力をふるっており、当分の間、首位の座を譲り渡すことはないが、世界のパワー・バランスは情け容赦なく変容する。西欧諸国の力は低下するが、アジアの文明圏では特に中国の台頭が著しい。こうした文明圏のパワー・シフトの結果として、アイデンティティ（文明意識）の高まりから、異なる文明圏の国家や集団の間で紛争（断層線「フォルト・ライン」紛争）が発生しやすくなる。西欧の優越性を保持しながら、文明間の戦争を避けるためには、文明に基づく国際秩序、文明の多様性を受け入れ、共通性を追求することが重要だと主張している。

このハンチントンの見解を批判したのが、『帝国以後』（石崎晴己訳、藤原書店、二〇〇三年）の著者で知られる、フランスの歴史人口学者エマニュエル・トッドだ。トッドはアメリカの凋落で、世界経済はアメリカに依存しなくなるが、その一方でアメリカ経済は世界にますます依存するようになる（二重の逆転）として、アメリカは二〇五〇年までに覇権国の地位を失うと結論づけている。

このようにGゼロ世界の文明をめぐる議論を読み解けば、フクヤマの言うようには歴史は終焉を迎えそうになく、経済はこれからも政治と緊密に連動しながら動いていくことが確認できるだろう。

社会の寛容さをどう高めるか

こうした文明をめぐる議論からどのような教訓が得られるのだろうか。国際経済の展望と重ね合わせ、次の三点を挙げておこう。

一つ目は、一見対立しているように見える自由主義と国家主導・国家介入主義は、実は親和性があり、相互に結びついていることだ。自由主義的な制度の国アメリカでは、「自国第一主義」に象徴される国家主義的、保護主義的な動きが見られる。欧州においても、移民・難民問題を契機にしてポピュリズムが強まり、右傾化は極めて強い。一方、対極の国家資本主義国である中国やロシアでは、自由市場指向の重要性が謳われている。全体として自由競争下でエネルギーやイノベーションといった戦略的な財をめぐる競争が熾烈になり、そのために両方の陣営で、自由主義と介入主義の融合が進んでいる。その結果、国家間での「共感」を基盤にするグローバル・ガバナンスの構築は困難を極めている。

二つ目は、経済制裁がいとも簡単に発動され、経済の政治化、政治の経済化が生じていることであり、両者の関係こそ、二一世紀の今日重要性を高めていることだ。

経済の政治化の一例は体制転換の経済政策だ。「ワシントン・コンセンサス」の形で、リベラルな政策が自由主義陣営から旧社会主義圏へ輸出され、融資の条件として政策受容を求める「コンディショナリティ」（条件づけ）が設定された。政治の意思の経済制度化だ。東欧諸国の欧州化もそれに加えられるだろう。

政治の経済化の例は経済制裁、貿易制裁だ。ウクライナ侵攻による対ロシア制裁とそれに対する対抗措置や、米中貿易摩擦における制裁関税や輸出禁止措置の発動だ。政治が経済よりも優先されるようになった。政治的な紛争に対する経済制裁の乱用など、経済が政治の手段となっている。ロシアも中国も経済制裁や貿易摩擦を「戦争」と表現している。日韓関係もまたこの事例に加えることができよう。いかに経済学が科学として政治から中立的であろうとしようとも、経済はもともと政治から自由になれないことは確かだ。

三つ目は文明の衝突か、多文化主義かという課題だ。ポピュリズムという閉鎖指向的な空気が世界的に各国あまねく蔓延する中で、社会が多様性を容認することはますます難しくなっている。あるいは、ブレグジット（イギリスの欧州連合離脱問題）やトランプ現象が示すように、先鋭な社会の分断がいとも簡単に形成されてしまう。社会の寛容さが次第に薄くなる中で、多文化の容認をどのように高めていくのか。このテーマが、今ほど問われている時はない。

世界貿易は確実に縮小の方向に動いている。世界貿易機関（WTO：World Trade Organization）は二〇一九年四月に、世界貿易が二〇一八年に三%、二〇一九年に二・六%縮小し、二〇二〇年に三%上昇すると予測しているが、この回復は世界の緊張とマクロ経済状態次第であり、自前の指数はマイナスを示したままである。その上、WTOによる多角的な解決ではなく、二国間の貿易問題になると、政治化しやすく、かつその貿易問題はまさに安全保障の一コマになりかねない。その意味では、「自由、公平、無差別な貿易を実現し、市場を開放的に保つよう努力する」という今回のG20の合意は空虚に聞こえることだろう。

ポピュリズムは大衆迎合的であり、為政者が人々の声にそれだけ敏感なのだ。デジタル化はさらにその傾向を強める。国民の声がGゼロ世界の「液状化」する国際経済秩序をもたらしたとすれば、それを回復し社会の寛容さの上に安定した秩序に移行させるのも国民の声だろう。それだけに、「文明と国際経済の地平」を捉える視座を国民が鍛えるということは、知る以上に重要な意味を持っている。本シンポジウムは、その視座を養う材料の提供を狙いとしている。

シンポジウムは三つの講演と、後半のパネル・ディスカッションを内容としている。前半の講演は、国際経済に精通した三名の論者による。経済産業省大臣官房前審議官（通商政策局担当）の松尾剛彦氏は、米中貿易摩擦に関し市場を歪める要因を検証した上で、デジタル化、国際的な秩序形成者であるWTOの改革の行方、そしてG20後の課題を考察する。政策と国際交渉の現場・最前線の息遣いがうかがわれる。国際経済学理論から本テーマに接近した石川城太氏は、まさに現下の問題の本質たる自由貿易そのものを再検討し、グローバリゼーションの動向、その下での新しい理論の萌芽と課題対処の可能性を提示する。さらに、空間経済学の視点から、より大局的に、より歴史的にグローバリゼーション下の多様性の意義を検証した藤田昌久氏は、「多様性の中の統一」をキーワードに歴史に学ぶ将来ビジョンを提示する。多様性に富んだ世界文明の発展こそがそのビジョンになる。いずれもが、国際経済の行方を探るとともに、文明の発展・調和もまた人類の課題として視野に入れている。そして、後半のパネル・ディスカッションでは、服部崇氏の進行で、三報告者に溝端が加わり、国際経済秩序の行方と文明・歴史に学ぶ意義、さらには大学教育のあり方までを考える。

グローバリゼーションが浸透している現代社会において、アイデンティティの希薄化が進めば進むほど多様性の否定が生じやすい。先進諸国での右傾化はそれを反映する。しかし、イノベーションと知識の発展の中で、人類が直面しているグローバリゼーションは、人間相互の共感・認証、多様性の容認に基づく共存を指向しているように見える。本シンポジウムの講演とパネル・ディスカッションが収められている本書が、国際社会の今後を考え、多様性への理解を深める機会になれば幸いである。

第 I 部

講演

講演1

我が国をめぐる通商情勢と通商政策の課題

―G20での議論の背景と今後の課題―

松尾剛彦

私は経済産業省の通商政策局の審議官として、G20（Group of Twenty：金融・世界経済に関する首脳会合）参加国の局長級で開く貿易投資ワーキング・グループで、外務省の審議官と共に共同議長を務めた。本講演では、その際の経験を含めて、実務家がどのような点に悩んで検討をしてきたか、閣僚声明や首脳宣言の内容とともに紹介することにしたい。

まず、我が国のG20議長国としての任期は、二〇一八年一二月一日から二〇一九年一一月三〇日までとなっている。私が参加した貿易投資ワーキング・グループは、計四回開催され、第一回目は二〇一九年一月に開かれた。その場で、大臣会合でいかなる課題について議論していくべきかを議論した。前年の二〇一八年はアルゼンチンが議長国。その下で、九月に貿易・投資大臣会合が開催されたが、その折には、すでに米中の貿易摩擦が議論の対象となり、この問題についてどのような声明を出すかが大きな焦点となっていた。

アメリカは二〇一八年来、通商法三〇一条に基づき、中国からの輸入品に対して関税の引き上げを繰り返し発動し、中国もこれに応戦して追加関税措置を発動してきた。

米中の関税引き上げの応酬自身も問題だが、それを非難するだけでは、議論が生産的なものになるとは思えない。貿易摩擦そのものを取り上げて議論するよりも、むしろ貿易摩擦が起こったそもそもの原因にさかのぼって取り組むべきであるとの認識に至った。

世界が直面する貿易上の課題

貿易摩擦の根本原因とは何か。これをめぐっては見解が大きく二つに分かれた。

一つは、市場歪曲的措置を根本原因とする見解だ。主に先進国を中心に示されている見解である。市場歪曲的措置とは、自由、公平、無差別、透明性といった国際貿易体制の原則に反する国家主導による介入を指す。たとえば、二〇一五～一六年ころには世界的な鉄鋼の過剰生産能力が問題となったが、中国政府による補助金が、鉄鋼の過剰生産を引き起こしたのではないかと批判されている。あるいは、中国政府が、中国に進出した外資系の企業に、半ば強制的に地元企業に機微な技術を移転させているのではないかといった批判もなされている。こうしたものは、言わば「市場を歪曲する措置」と考えられている。

一方で、途上国を中心に、貿易により得られた利益が適切に均霑《てん》されていないことが根本原因だとする見解が示された。途上国の開発がおざなりにされてきたことが、今日の貿易摩擦を引き起こしたとする主張である。貿易による利益から取り残されてきた国々が、グローバルな貿易の中で、どのように利益を得ていけるようにするべきか。たとえば、デジタル化等第四次産業革命の推進等を通じ、広く途上国の事業者も世界貿易に参加する機会を拡大するべきだといった議論もなされた。

このように、根本原因をめぐっても大きな認識の違いがあったが、そうした中で、各国が一致したことは、いずれの根本問題を解決していく上でも、WTO（世界貿易機関）の改革が避けて通れない道であるということだった。二〇一八年末のG20ブエノスアイレス首脳宣言では、「国際的な貿易及び投資は、成長、生産性、イノベーション、雇用創出及び開発のための重要なエンジンである。我々は、このために多角的貿易体制が果たしてきた貢献を認識する。この体制は、現在、その目的を達成するには及ばず、改善の余地がある。したがって、我々は、WTOの機能を改善するために必要な、WTO改革を支持する。我々は次回のサミットにおいて進捗をレビューする」との声明が出された。

このようにして、WTOを改革し、米中の貿易摩擦問題を含め、貿易紛争は、WTOのルールベースでの解決を目指すべきである。この認識については合意された。しかし、具体的な取り組みについて声明に盛り込まれることはなかった。そのため、G20大阪サミットでは、どれだけ前向きかつ具体的な提案を示すことができるかが我々に課された課題となった。

こうした背景を踏まえて、Ｇ20の議論ではどのような結論を導き出したのか。以下、実際のデータも示しつつ紹介していきたい。

米中貿易摩擦が世界経済に与える影響

米中の貿易摩擦が、現下の世界経済情勢にどのような影響を与えているかを見ていきたい。図表1－1はこれまでの貿易量や世界のＧＤＰ（Gross Domestic Product：国内総生産）の推移を示したものである。

過去をさかのぼると、二〇〇〇年代後半は、世界の実質輸入成長率が世界の実質ＧＤＰ成長率を上回ってきた。要するに、貿易が経済成長を牽引してきたということである。二〇〇八年に、リーマン・ブラザーズの経営破綻を引き金に起きた国際的な金融危機と株価暴落などのあおりを受け、二〇〇九年には世界の実質輸入成長率が大きくマイナスに転じ、ＧＤＰの伸びが貿易の伸びを上回った。その後、貿易の伸びは回復したものの、再びＧＤＰの伸びを下回る状態が続き、二〇一七年に貿易の伸びがＧＤＰの伸びを再び上回るようになった。そして今また、貿易の伸びが鈍化している状況がわかる。

図表1-1　世界の実質GDP成長率と貿易の伸び率比較

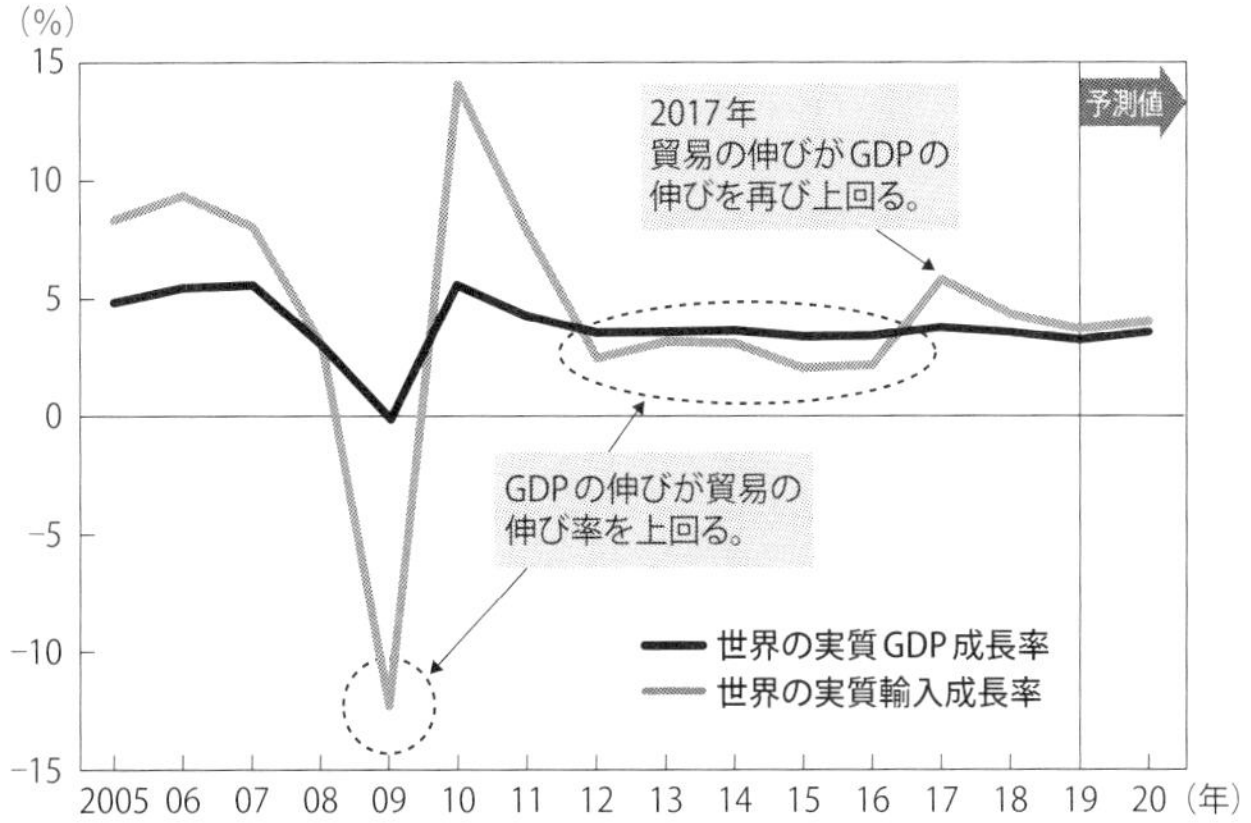

（出所）IMF "WEO" April 2019

各国際機関の世界経済見通しを見ると、二〇一八年と比較して二〇一九年は〇・一～〇・三％のマイナスが予測されている。二〇二〇年は、米中の貿易摩擦も改善に向かい、若干持ち直すだろうというのが、全般的な国際機関の見通しである。しかし、二〇一八年六月八～九日にかけて福岡で行われたG20財務大臣会合配付資料では、IMF（国際通貨基金）の世界経済見通しの下方修正が示された。これによると、二〇二〇年のGDP推測値は三・三％で、前回と比較して〇・三％のマイナスとなった。これは、貿易摩擦の激化による世界経済の押し下げ効果も勘案された結果である。

米中対立が深まった経緯

米中貿易摩擦の推移について改めて整理しておこう。米中間の現在の追加関税の応酬は、まず、二〇一八年三月二二日、アメリカが通商法三〇一条に基づく措置を決定したことから始まった。アメリカが中国の問題として挙げたのは、前述した「強制技術移転」のほか、「中国技術輸出入管理条例」「買収による先端技術取得」「サイバー攻撃による営業秘密窃取」がある。

中国技術輸出入管理条例の問題は、外資系企業が中国企業に対して技術ライセンスを行う際、外資系企業が負うべき責任を強制的に定めているという問題である（二〇一九年三月に一部の条項を削除する法改正が行われた）。買収による先端技術取得は、中国企業が先端技術を取得するために、その技術を有する企業を買収しているというものである。二〇一六年には、中国家電メーカー大手の美的集団が、産業用ロボットの世界的な大手メーカーであるドイツのクーカ（Ｋｕｋａ）を買収したのをきっかけに、米欧等で懸念が示されるようになってきた。特に、企業買収に中国政府からの資金がつぎこまれているとなれば、国家による市場歪曲的措置との非難を受ける。また、サイバー攻撃によって企業の生命線とも言える営業秘密の窃取が行われた問題に中国政府が関与したとの疑いも持たれている。

これらの問題に対して、アメリカは中国からの輸入品の一部に追加関税二五%を課すことを表明。また、中国の内外差別的な技術ライセンス制度に関してWTOへの提訴を行うとともに、アメリカの機微技術に対する中国からの投資に対する規制の強化を導入した。さらに二〇一九年一月以降、毎月のペースで米中閣僚級会議を開催し、外国企業に対する中国による技術移転要求、あるいは知的財産権保護などの問題について議論が進められてきた。

追加関税措置と米中貿易摩擦の影響

追加関税措置の内容と経緯を図表1-2に示した。第一弾（二〇一八年七月）から、第二弾（二〇一八年八月）と段階的に発動され、アメリカは第三弾の対象品目（二〇〇〇億ドル相当）について、五月一〇日出荷分から二五%への引き上げを行った。これに対して、中国も対米追加関税第三弾の対象品目（六〇〇億ドル相当）を、六月一日から最大二五%へと引き上

図表1-2　米中による追加関税措置の内容と経緯

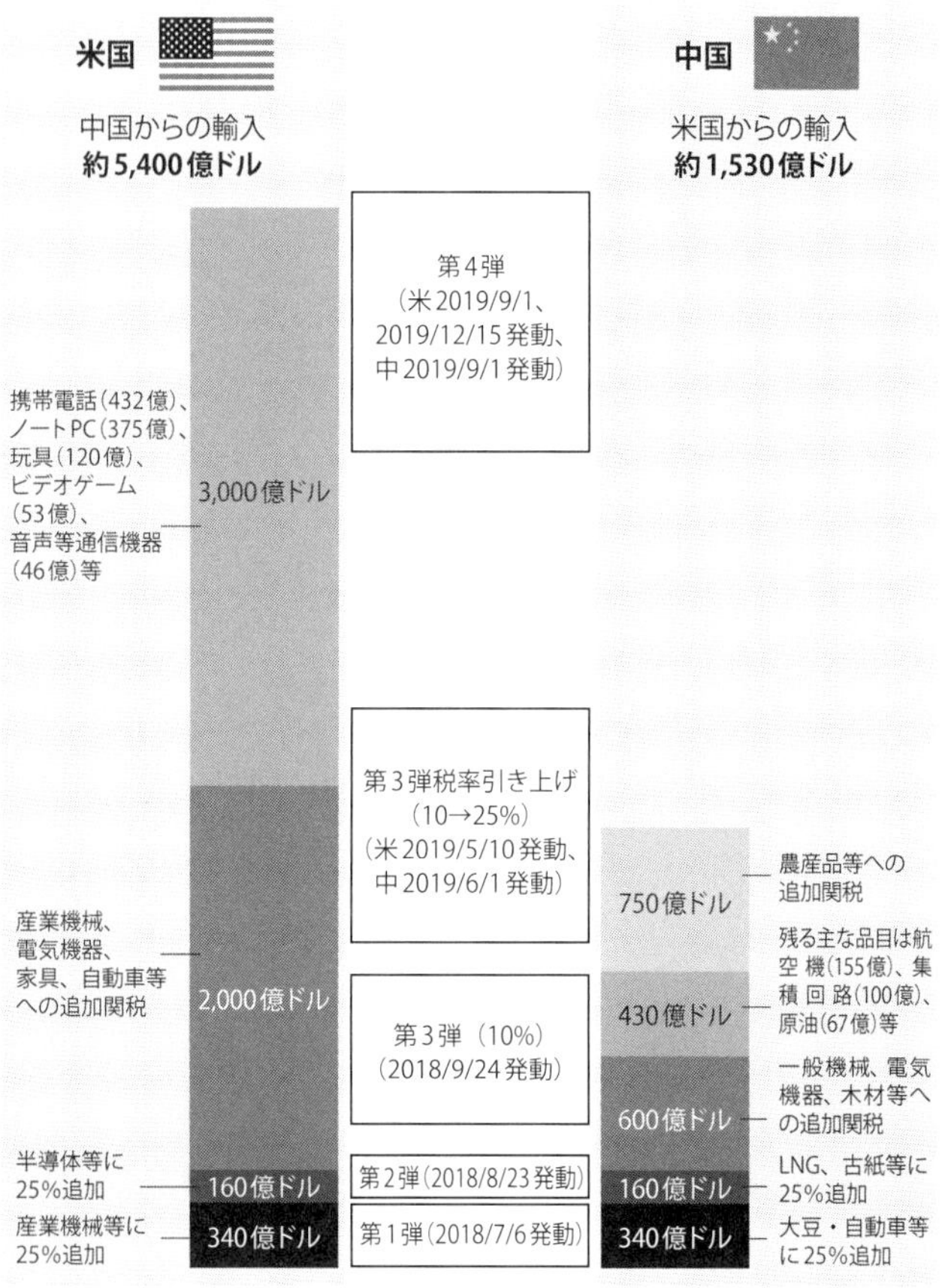

（備考）関税額の規模は、米中政府公表に基づく。グラフは2018年の米国貿易統計に基づく概算値
（出所）米国及び中国政府の公表資料等から作成

図表1-3　米中貿易摩擦のGDPと貿易への影響の試算（2021〜22年）

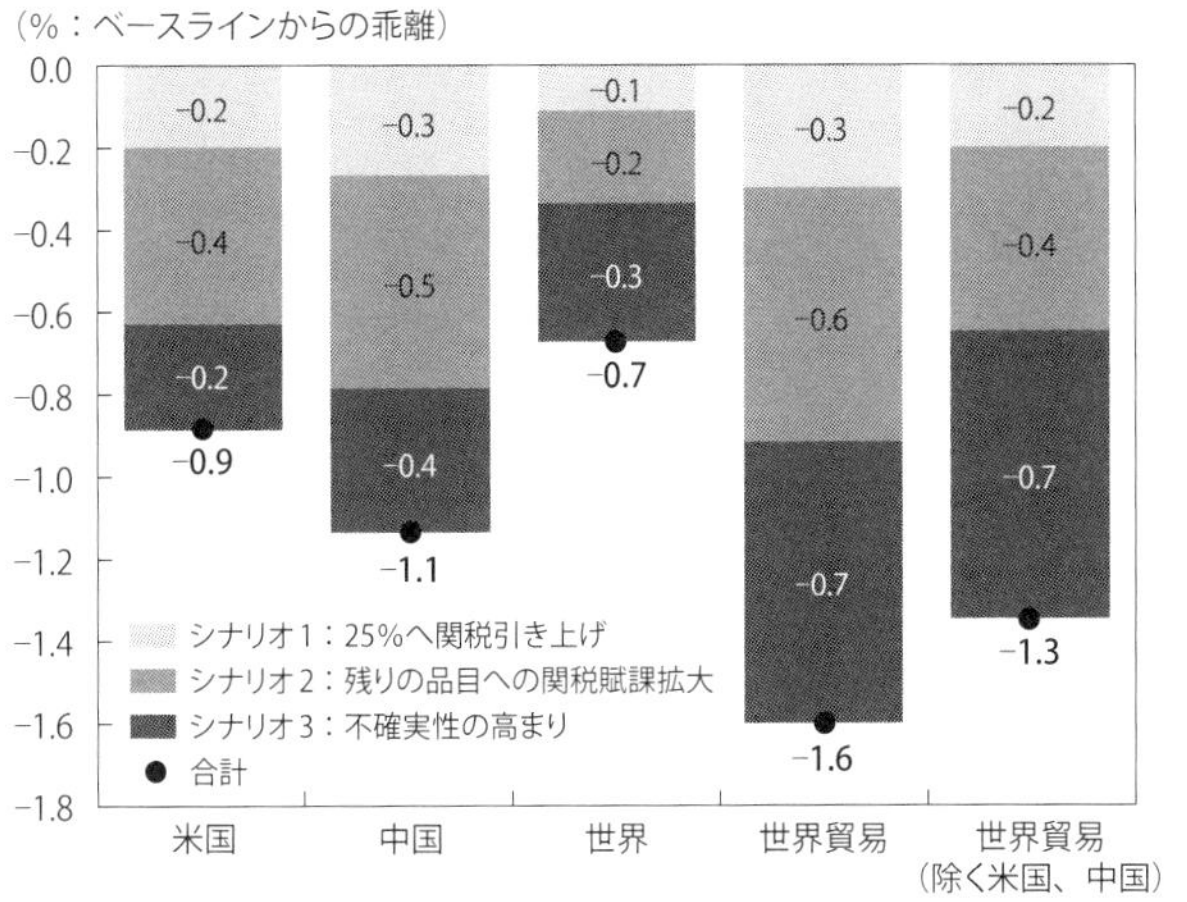

（出所）OECD

げた。

アメリカは五月一三日に第四弾（三〇〇〇億ドル相当）の追加関税を残りの輸入品すべてに対して発動すると発表。その後の六月二九日、G20大阪サミットにおける米中首脳会談を踏まえて、当面は発動しないことをトランプ大統領が表明した。ただし、第三弾までの追加関税措置は継続しており、今後、トランプ大統領が第四弾の発動を再び表明する可能性は否定できない（八月に対中関税第四弾の発動が表明された）。

ＯＥＣＤ（Organisation for Economic Cooperation and Development：経済協力

開発機構）は、米中貿易摩擦がもたらす二〇二一年から二二年にかけての世界経済のシナリオを公表した（図表1−3）。アメリカが二〇一九年五月に発動した第三弾の追加関税措置及び中国が六月に発動した関税引き上げは、世界のGDP成長率をマイナス〇・一%、アメリカはマイナス〇・二%、中国はマイナス〇・三%押し下げるとの試算を示した（シナリオ1）。二〇一九年七月以降、残りすべての中国からの輸入に対し、アメリカによる二五%の追加関税（第四弾）が発動され、さらに投資リスクが上昇した場合、世界のGDP成長率はマイナス〇・七%、アメリカは〇・九%、中国は一・一%低下するとの見通しが示されている（シナリオ3）。

貿易・デジタル経済大臣会合の声明

こうした状況の下、G20ではいかなる確認がなされたのか。以下に、貿易・デジタル経済大臣会合の閣僚声明を紹介する。

41．我々は、貿易及び投資の成長が二〇一八年に減速し、これが二〇一九年及び二〇二〇年の世界成長見通しを以前の予測よりも弱める一因となっていることに留意する。二〇二〇年において成長は増加することが予想されている一方で、現在の貿易環境から生じる下方リスクが成長を鈍化させる可能性がある。

42．我々は、昨年マル・デル・プラタでコミットしたように、リスクを緩和し、輸出業者及び投資家の間での信頼を高めるための対話を継続した。我々は、貿易上の緊張に対応し、互恵的な貿易関係を醸成する必要性を確認した。

43．我々は、市場を開かれたものとするため、自由で公平かつ無差別で、透明性があり、予測可能で安定的な貿易及び投資環境を実現するために努力する。

現下の経済の下方リスクを適切に認識した上で、摩擦を解消していくにあたっては二つの論点がある。一つは、これ以上の貿易摩擦の激化を防ぐということ。もう一つは、摩擦の解消がＷＴＯの協定と整合的であるということである。仮に米中の対話が合意に至ったとしても、その内容がたとえば中国が日本から輸入している半導体をアメリカから輸入する、あるいはＥＵから輸入している農作物をアメリカ産に切り替えるといったものであるとどうなるか。米中の問題は解決されるかもしれないが、日本やＥＵに問題のしわ寄せが及ぶことになりかねない。
会合の中では、冒頭お話しした昨年（二〇一八年）来の議論、すなわち、現在の貿易上の緊張の背景にある根本問題は何かといった激しい議論のやり取りがなされ、また、その解決策についてG20の場で制約すべきではないといった議論もあった。そうした中で、貿易上の緊張に対応して互恵的な貿易関係を醸成する必要性について確認できたこと、また、自由、公平、無差別、透明性があって、予測可能で安定的な貿易及び投資環境を実現するために努力するという、まさに自由貿易の大前提となる大きな原則に、米中を含めて合意できたことは一定の成果であったと考える。加えて、多くの国が貿易摩擦の解消策に関する懸念を表明し、WTOの協定と整合的であるべきと主張したことにかんがみ、以下の議長声明において、この点を強調することとした。

「多くの閣僚は、貿易をめぐる現下の緊張に関し深刻な懸念を表明した。閣僚は、輸出者及び投資者間の信頼や投資センティメントに対する負の影響に留意しつつ、リスクを緩和するための重要性を強調した。多くの閣僚は、貿易及び投資の環境を共同で改善する必要性を確認した。貿易措置が世界貿易機関（WTO）協定と整合的であることを確保することの重要性が多くの閣僚により強調された。」

鉄鋼の過剰供給への取り組み

ここからは、冒頭から何度か紹介している現在の貿易摩擦の根本原因として指摘された市場歪曲的措置の解消と、貿易の利益をいかに均霑していくか、この二点について述べたい。

市場歪曲措置の問題が取り上げられた代表的な例として、鉄鋼の過剰供給を取り上げる。世界の鉄鋼市場における生産能力と需要量の推移を見ると、二〇一七年の需要量一七・二億トンに対して、需要を上回る過剰な生産能力が五・二億トン（図表1―4）。うち、二・七億トン程度が中国に存在している。つまり、中国には、自国の鉄鋼需要量の約三分の一程度の過剰生産能力が存在しているわけであり、本課題を牽引してきたのが中国の生産能力の増強であることは明らかである。

一方、中国自身も鉄鋼の過剰生産能力問題を認識しており、その解消に向け、二〇一六年～二〇年における生産能力削減目標をマイナス一～一・五億トンにと設定。結果、二〇

図表1-4　世界の鉄鋼市場における生産の能力と需要量の推移

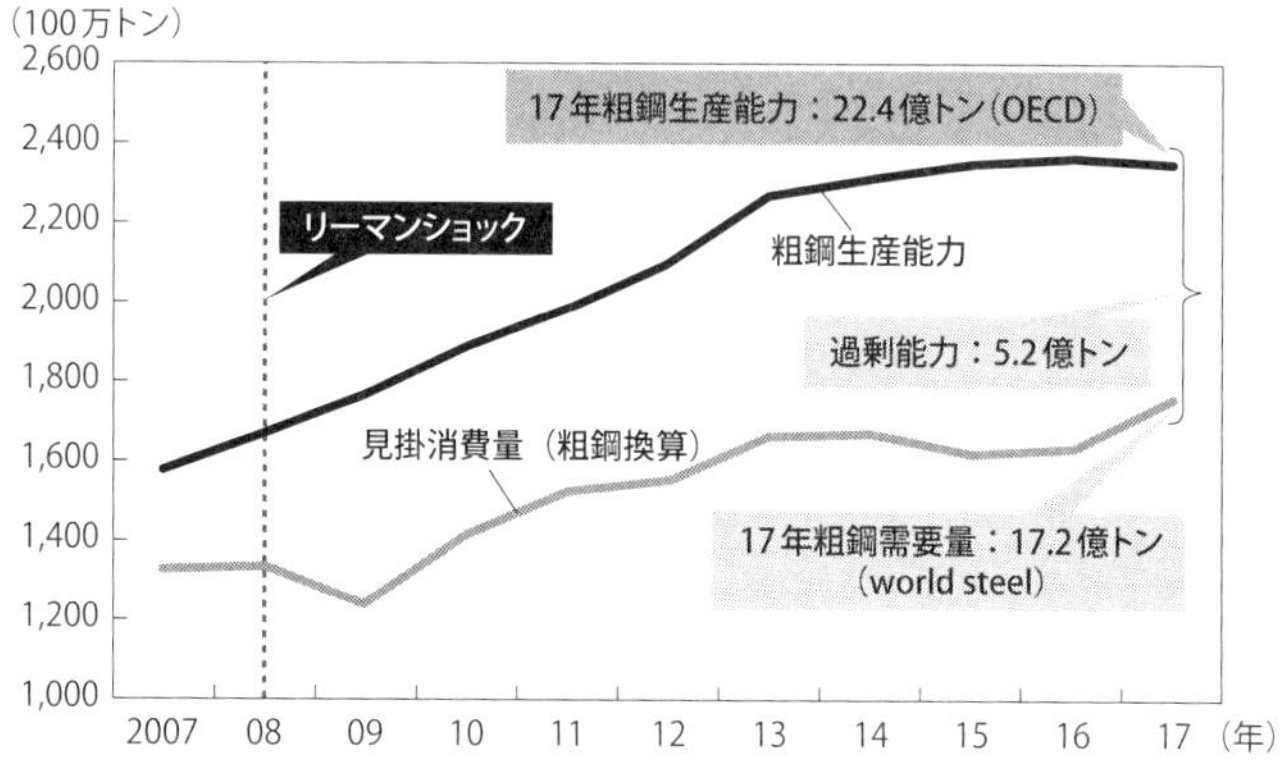

（出所）"Steel Statistical Yearbook" World Steel Assosiation, Presentation materials on OECD the Steel Committee

図表1-5　中国の粗鋼需要量の推移（日米EUとの比較）

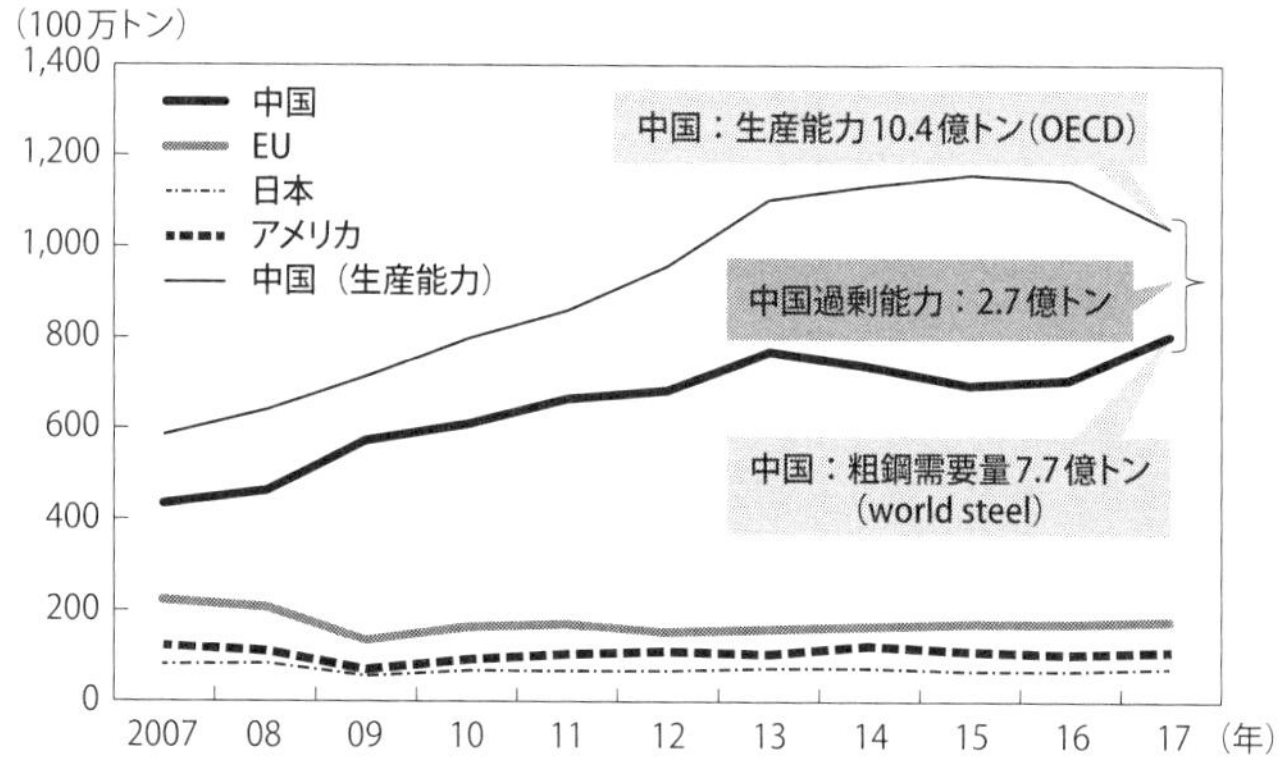

（出所）"Steel Statistical Yearbook" World Steel Assosiation, "Global Forum on Steel Excess Capacity" German Federal Ministry for Economic Affairs and Energy

一八年末時点で目標の上限を達成したと発表している。他方、そもそも二〇一六年時点における中国の生産能力は需要を三・八億トン上回っていた。これは、中国の削減目標、一・五億トンを大きく上回っている。公表されている直近のデータである二〇一七年のデータでも、中国の生産能力は一〇・四億トンであり、需要量七・七億トンとの間には、なお二・七億トンのギャップがあった（図表1－5）。

この世界的な鉄鋼の過剰供給は鉄鋼の価格低下をもたらし、二〇一八年三月、アメリカが通商拡大法第二三二条に基づき、鉄鋼製品の輸入に二五％の関税措置を発動する原因の一つとなった。この問題に関し、特に需給のギャップ拡大が二〇一五年に世界的な鉄鋼市況の悪化を起こしたことを踏まえ、二〇一六年、まず五月のＧ７伊勢志摩サミットで初めて首脳レベルで取り上げられ、同年九月のＧ20杭州サミットにおいて鉄鋼グローバル・フォーラムの設立に合意した（図表1－6）。

鉄鋼グローバル・フォーラムには、Ｇ20諸国を含む主な鉄鋼生産国が集まり、世界的な過剰供給能力問題に取り組んでいる。翌二〇一七年一一月に行われたベルリン閣僚会合において、過剰供給能力の解決に向けた六つの原則に合意した。原則の内容は左記の通りである。

図表1-6　鉄鋼グローバル・フォーラムの体制

体制

メンバー国（33か国・地域）

ステアリング・グループ（8か国・地域）

米国	**日本**
中国	**ブラジル**
インド	**ロシア**
EU	**韓国**

事務局：OECD

オーストラリア	ハンガリー	サウジアラビア
オーストリア	インドネシア	スロバキア
ベルギー	イタリア	南アフリカ
ドイツ	ルクセンブルク	スペイン
カナダ	メキシコ	スウェーデン
フィンランド	オランダ	スイス
フランス	ノルウェー	トルコ
ギリシャ	ポーランド	イギリス

※日本は2018年12月より議長国、 ロシア・ブラジルが共同議長国
　33か国の粗鋼生産量の合計は世界の93%に相当

①グローバルな課題と集団的な解決策
②市場歪曲的な政策支援措置の除去
③公平な競争条件の確保（国有企業と民間企業の同等な扱い）
④市場機能の確保（市場に基づく需給条件反映）
⑤構造調整の促進
⑥透明性の向上（生産能力や政府支援措置に係る年二回の情報共有・当該情報に基づく年三回のレビュープロセス）

各国の生産能力及び鉄鋼産業に対して講じている政策支援措置について定期的に情報を共有する。その上で、問題がある措置、すなわち、市場を歪曲して過剰生産能力に寄与していると認められた措置については撤廃していく。また、

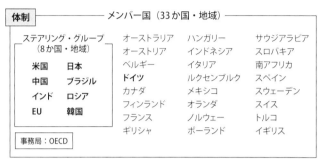

各国は、自国の状況に応じ、過剰生産能力問題の解決に向けた具体的な自主的取り組みを宣言する。その進捗もデータを通じて検証する。これが、鉄鋼グローバル・フォーラムで合意された枠組みであり、透明性を確保して、各国のピア・プレッシャーを梃子に、過剰生産能力の解消や市場歪曲措置の撤廃等を図るものである。

この鉄鋼グローバル・フォーラムは三年の設置期限で設立されており、二〇一九年末が設立期限となっている。今なお鉄鋼の過剰生産能力が完全に解消したとは言えず、また、将来のさらなる需給悪化の懸念もないとは言えない。このため、多くの国が鉄鋼グローバル・フォーラムの活動継続を希望しているが、一部に継続に慎重ないし反対の国がある。二〇一八年一二月からは日本が議長国に就任しており、このフォーラムの継続問題の取り扱いは一つの大きな課題となっている。

日米欧三極貿易大臣会合を開催

代表的な問題として鉄鋼の過剰供給を取り上げたが、この問題に限らず、一部の国では市場歪曲措置が継続的に講じられている懸念がある。

二〇一七年、日米欧の三極が、第三国による市場歪曲的な措置に共同対処する目的の下、世耕弘成経済産業大臣の呼びかけにより、二〇一七年一二月、ブエノスアイレスにて開催された第一一回WTO閣僚会議の機会を利用する形で、第一回の日米欧三極貿易大臣会合が行われた。その後、約一年半の間に六回の会合が開催され、議論が進められてきた。その中で、たとえば産業補助金ルールの強化については、WTOにおいて有志国を巻き込んだ議論を進めていくことで合意した。このため、現在、まずは日米欧三極でルールの案を固めるための作業が行われている。また、直近の本年（二〇一九年）五月に開催された会合では、翌六月に行われるG20貿易・デジタル経済大臣会合において、WTO改革の推進をはじめとする諸課題に三極で協力して取り組むことで一致した。

こういった背景の下、G20貿易・デジタル経済大臣会合では、以下の閣僚声明が発表された。

45．我々は、特に世界経済が一層統合されてきている中で、いくつかの分野における構造的な問題が否定的な影響を及ぼしうることを再確認する。我々は、公平な競争条件を確保し、ビジネスをしやすくする環境を醸成するために努力する。

46．多くのG20構成国は、産業補助金についての国際的な規律を強化する必要性を確認し、及び農業に影響を及ぼす貿易の規律を改善するための現在進行中の国際的な努力を歓迎する。我々の多くは、農業補助金及び農業の市場アクセスについて強調した。
47．我々は、投資のための、開かれた、透明性があり、かつ、これを促す世界的な政策環境を醸成するため、開かれた、無差別で、透明性があり、かつ、予測可能な投資のための条件を改善することの価値を認識する。

このように、閣僚声明の中では、多くの国が産業補助金ルールの強化の必要性を認識していることが明記された。また、各国において、開かれた、無差別で、透明性がある、予測可能な投資環境を整備していくことで合意した。

一方、鉄鋼のグローバル・フォーラムについては、フォーラムの継続を含む閣僚声明への記載について合意することができなかったが、最終的には左記の議長声明の中で、大多数がグローバル・フォーラムの継続を支持したことが明らかにされた。

「閣僚は、鉄鋼の過剰生産能力に関するグローバル・フォーラム（GFSEC：Global Forum on Steel Excess Capacity）によるこれまでの進捗を歓迎した。大多数のメンバーは、鉄鋼の過剰生産能力削減のためにさらなる努力が必要と認識し、GFSECの活動期間を現行期間の終了後も延長し、その作業を継続すべきとの、醸成されつつあるコンセンサスに参加する意見を表明した。少数のメンバーは、この問題でG20の慣行の通り完全なコンセンサスに到達することの重要性を強調し、GFSECはその目的を達成しており、現行期間の終了をもって満了すべきと述べた。」

いかにして貿易による利益の均霑を図るか

先ほど申し上げた通り、今日の貿易摩擦の根本原因として、もう一つ指摘されたのが、貿易により得られた利益から取り残された者の存在である。図表1-7は、WTO設立以降の貿易の伸び量と先進国・新興国・途上国のシェアの変化を示したグラフである。これを見ると一九九五年に八〇％のシェアを示していた先進国の財・サービス貿易額のシェアは、二〇一七年には六四％にまで低下していることがわかる。この間も先進国の貿易量は拡大しているが、それ以上に新興国・途上国の貿易量が大きく拡大したためであり、これは、

図表1-7　WTO設立以降の貿易の伸び量

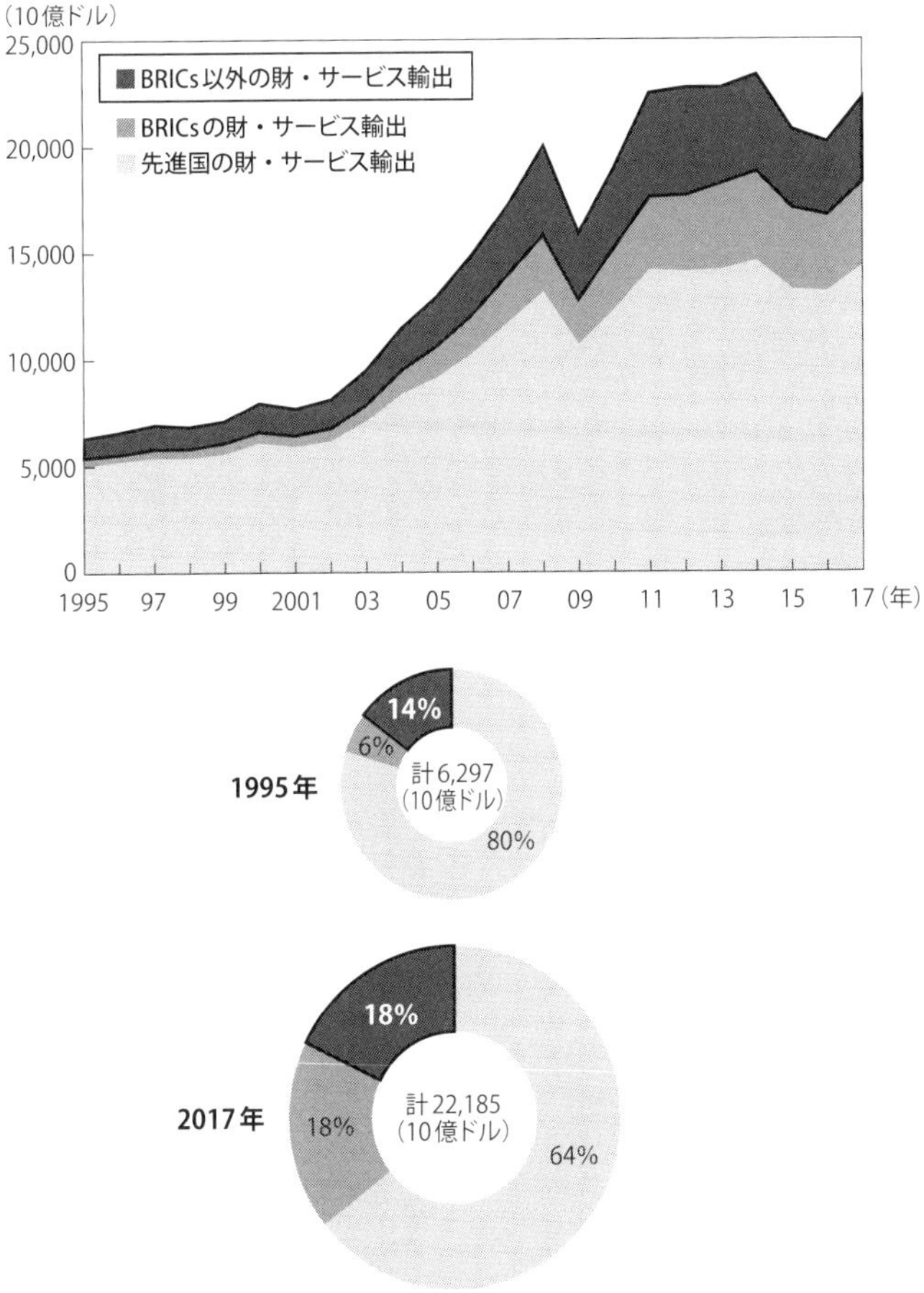

（出所）IMF DOTS、OECD-WTO Balanced Trade in Services（BaTIS）、OECD ITSS EBOPS 2010から作成

貿易が新興・途上国に大きなメリットをもたらしている証左である。しかし、新興・途上国の状況をさらに見てみると、ＢＲＩＣｓ（ブラジル（Brazil）、ロシア（Russia）、インド（India）、中国（China）、南アフリカ共和国（South Africa）の五か国）の貿易量のシェアは六％から一八％へと三倍増を果たしているものの、ＢＲＩＣｓ以外の国は一四％から一八％と微増にとどまっている。これを見ると、ＢＲＩＣｓ以外の途上国からすると、まだ十分に貿易による利益が得られていない状況が浮かび上がる。

Ｇ20貿易・デジタル経済大臣会合では、この問題の解決についても、以下の閣僚声明を発表した。

49．貿易及び投資の利益は、すべての国や社会のすべての構成員、特に脆弱な人々には十分広く共有されてきていないという認識がある。我々は、貿易の利益を高め、参加を広める必要がある。また、貿易及び投資の効果を一層良く理解し、それらの利益を市民たちに一層良く伝え、及びそれらの課題に対処する必要性を確認する。

50．我々は、女性、若者、零細・中小企業（ＭＳＭＥｓ）等といった、国際貿易から十分な恩恵を受けてこなかったグループが国際貿易の機会を捉えることを支援しつつ、その参加を促進し、円滑化し、拡大すべきである。我々は、ますます有意義な方法で、ＧＶＣへの開発途上国及びＭＳＭＥｓの一層の参加が可能となることを追求し続ける。この文脈で、我々は、農業食料ＧＶＣへの参加と価値の増加を支援するＧ20の貿易及び投資政策決定のオプションの鍵となる要素に関する昨年の議論を想起する。

51．我々は、ビジネス部門の声として「Ｂ20東京サミット共同提言『持続可能な開発目標（ＳＤＧｓ）のためのソサエティ５・０』」に留意する一方で、これらの提案に対する国内の異なる見方を認識する。

52．我々はまた、民間部門からの見方を反映し、かつ、責任あるビジネス上の行動を通じてＳＤＧｓの達成に共に貢献するために努力を強化するとの世界的企業の意図を反映する「ビジネス自主行動計画」がＢ20で採択されたことに留意する。

53．我々は、Ｇ20の各構成国による異なった個別のアプローチを認めつつ、お互いの経験から学ぶことを目的とし、貿易及び投資を通じて広範でかつ持続可能な成長と包摂性に貢献するビジネス及び政策の事例に関する情報を共有する。また、我々は、売り手、買い手及び社会に利益がある「三方よし」の理念の重要性に留意する。

閣僚声明では、貿易・投資により十分に利益を得られていない人が存在しており、より貿易による利益を高め、貿易への参加を拡大していくこと、また、女性、若者、零細・中小企業といったグループがグローバル・バリュー・チェーンの中で役割を拡大することの重要性について確認した。

貿易・投資への幅広いグループの参加を促し、包摂的で持続的な経済成長を実現していくためには、政府のみの取り組みでは到底不十分である。この点、産業界の果たしうる役割が極めて大きいと考えられる。折しも、G20各国の産業界の代表が参加するB20（Business20）において、責任あるビジネス上の行動を通じてSDGsの達成に貢献するための「ビジネス自主行動計画」が作成された。G20としても、この行動計画を評価し、この行動計画を閣僚声明の中に位置づけている。

また、会合では、近江商人の商訓と言われる「三方よし」の理念を紹介した。先進国・途上国問わず、各国からも大変評価され、「三方よし」の理念の重要性に留意することも書き込まれた。本日は詳細のご説明は差し控えるが、G20では、この「三方よし」の発想も踏まえた各国の関連政策や企業の取り組みに関する事例集も作成している。各国の取り組みを共有し合うことにより、こうした取り組みが一層拡大していくことを期待している。

図表1‒8　世界の越境EC市場規模

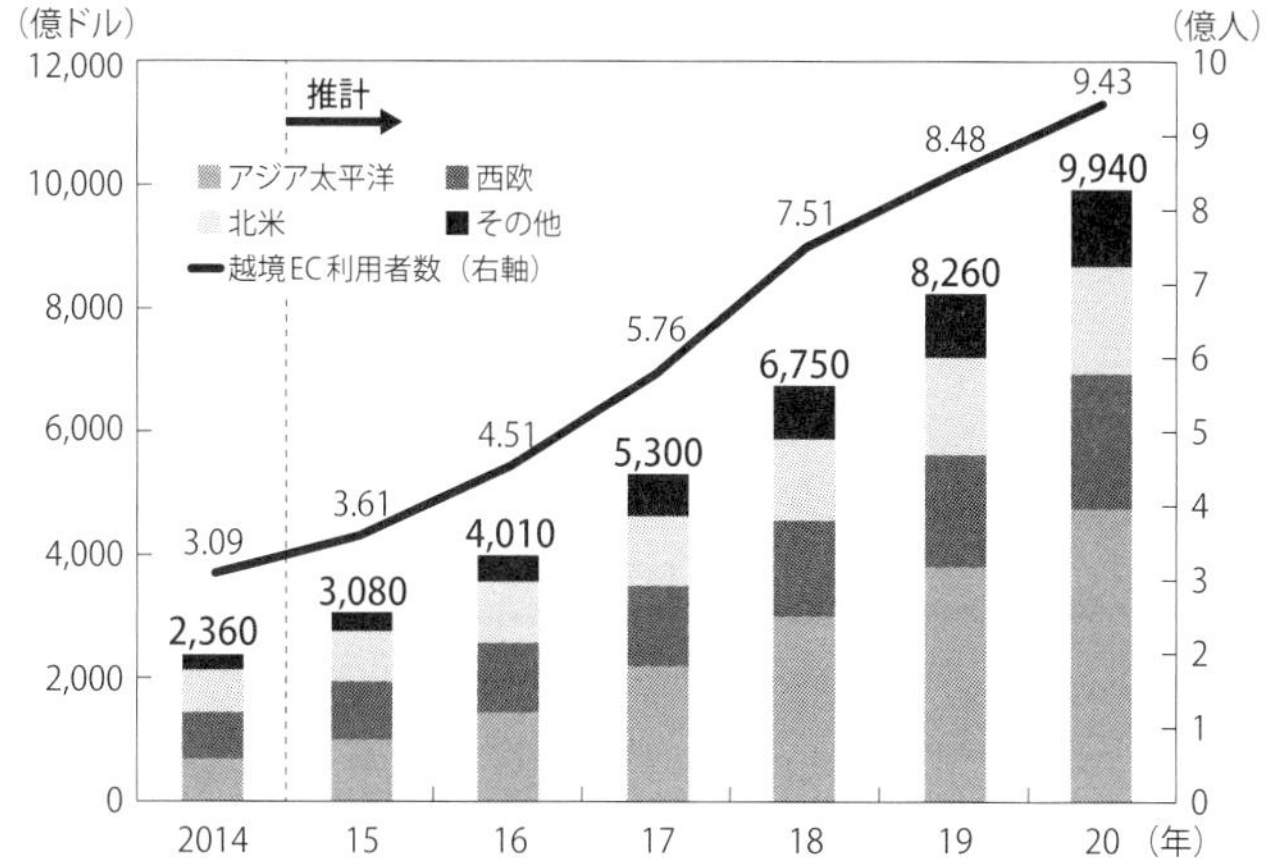

（出所）Accenture and Alibaba Research, 2016

デジタル化への対応

貿易によるメリットを享受する機会をより多くの人たちに提供する上で、デジタル化は、重要な方策の一つであると言える。改めて指摘するまでもなく、電子商取引、つまりインターネットを通じた商取引は拡大の一途をたどっている。図表1‒8は世界の越境EC（Electronic Commerce：電子商取引）市場規模を示したものである。二〇一四年の二三六〇億ドルから二〇二〇年には九九四〇億ドルに増加する見込みである。越境EC利用者も、同期間に

図表1-9　各国のEC化率／成長率／ BtoC市場規模（単位：億ドル）

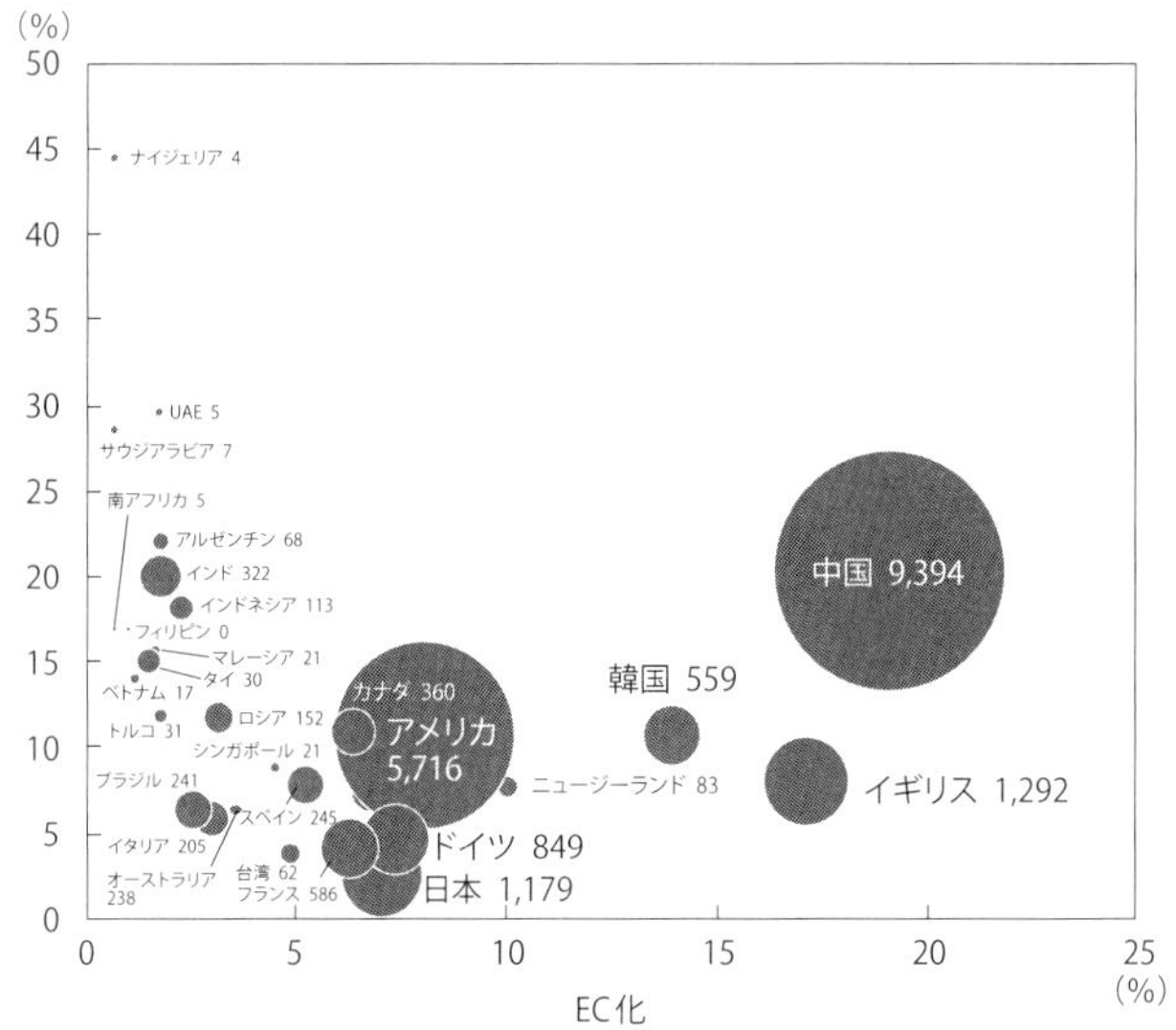

（備考）EC化率は小売に占めるECの割合。成長率は2014年～2025年の成長率の推計（年率）。丸の大きさは市場規模。EC化率と市場規模のデータは2016年（ただし、中東アフリカ地域は2014年）
（出所）Accenture and Alibaba Research, 2016

図表1-10　世界のデータ量の推移

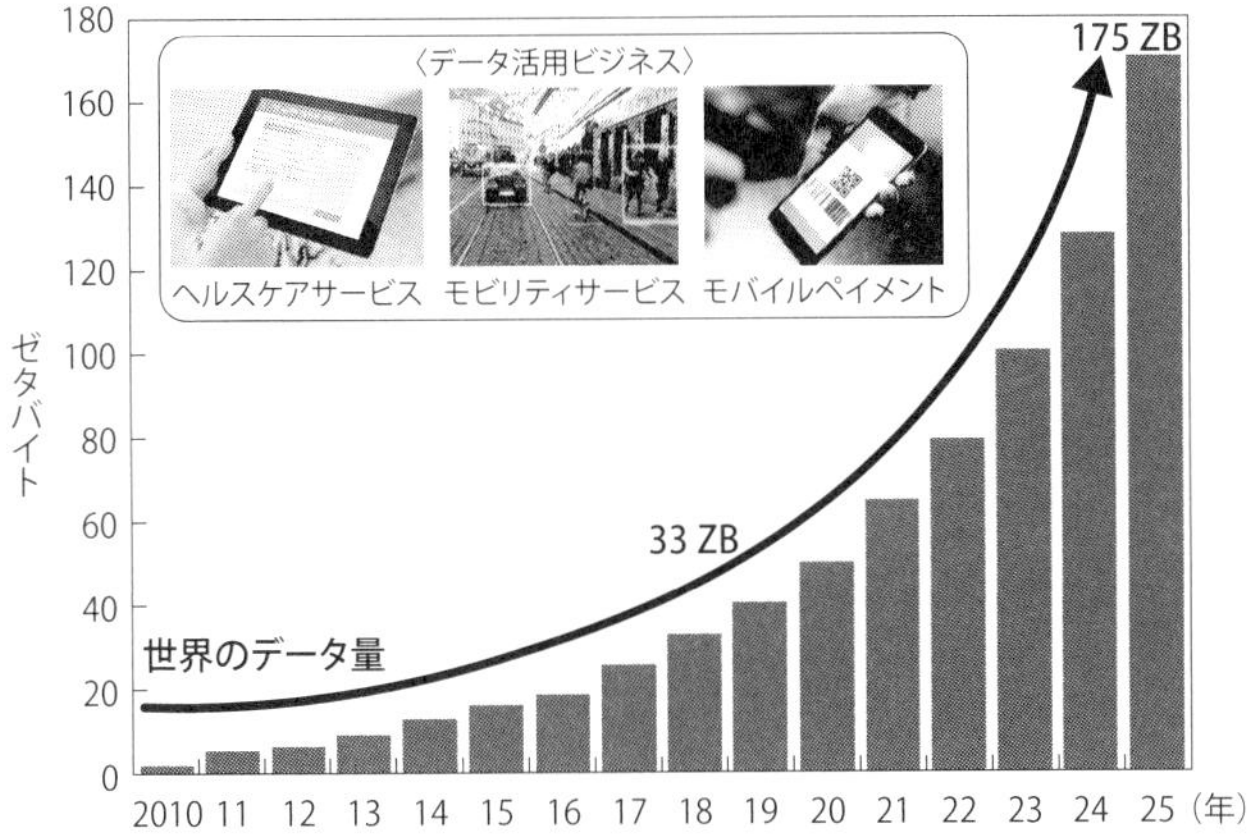

※ZB（ゼタバイト）：10^{21}バイト
（出所）Date Age 2025, sponsored by Seagate with data from IDC Global DataSphere, Nov 2018

約三億人から九億人を超える見込みとなっている。

国内ＢｔｏＣ（Business to Consumer：企業が一般消費者を対象に提供するビジネスモデル）に限ってみても、ＥＣ市場規模は拡大傾向にある（図表１―９）。中国の二〇一六年のＥＣの市場規模は九三九四億ドルと世界で最大、ＥＣ化率（一九％）も世界一位となっている。

また、世界中で生成・収集されるデータ量も加速度的に増大している。二〇一八年の三三ゼタバイトから二〇二五年には一七五ゼタバイトにまで増えると予想されて

図表1-11　データ利活用のステージ

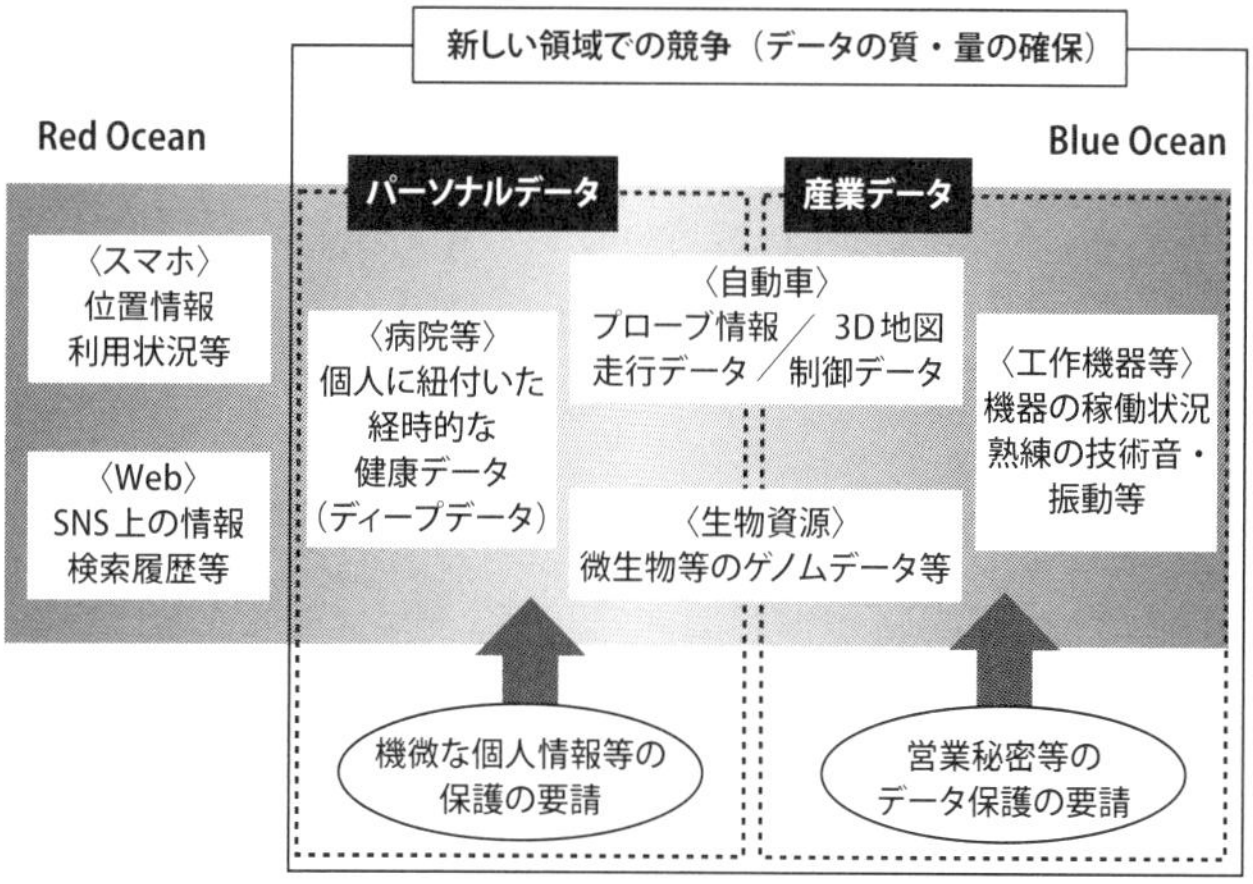

いる（図表1−10）。これまではグーグル、アップル、フェイスブック、アマゾンといった巨大IT企業が中心となってスマートフォンの位置情報やSNS上の情報、検索履歴などが集められてきたが、今後は個人に紐付いた健康データ、あるいは自動車の走行データ、工場での機器の稼働状況といった、新しい領域でのデータの利活用も進んでいく（図表1−11）。つまり、より個々の事業者、あるいは個々人と密接なデータが必要とされるようになる。セキュリティを十分に確保しつつ、こうしたデータをいかに活用してAI（人工知能）の技術を強化していけるかが、各

国のデータ関連産業の成長、ひいては経済全体の成長を左右すると考えられる。そのためには、個人情報や営業秘密などが確実に守られる仕組みを構築することが不可欠である。

データの自由な流通の必要性

一方で、過度なデータの保護にも問題がある。図表1－12は、データアクセス、社会統制の観点から世界各国のインターネットの自由度を評価したものである。これを見ると不自由な国のエリアが少なくないことに気づく。また、自由とされている国でも、たとえば個人データの越境移転については、「原則自由」とする国もあれば、日本のように「本人同意があれば原則自由」とする国もあり、取り扱いルールが国によって異なる。

必要な保護は確保しなければならないが、他方で、各国の制度がまちまちだと、世界的にデータを流通させようとする際、それに対応するだけで多大なコストがかかってしまい、データの利活用という観点からは課題となっている。したがって、G20貿易・デジタル経済大臣会合の閣僚声明では、この点についても言及がなされた。

図表1-12　各国のインターネットの自由度

政府によるデータアクセス、社会統制の観点から**インターネットの自由度**を評価すると、国により大きな開きがある

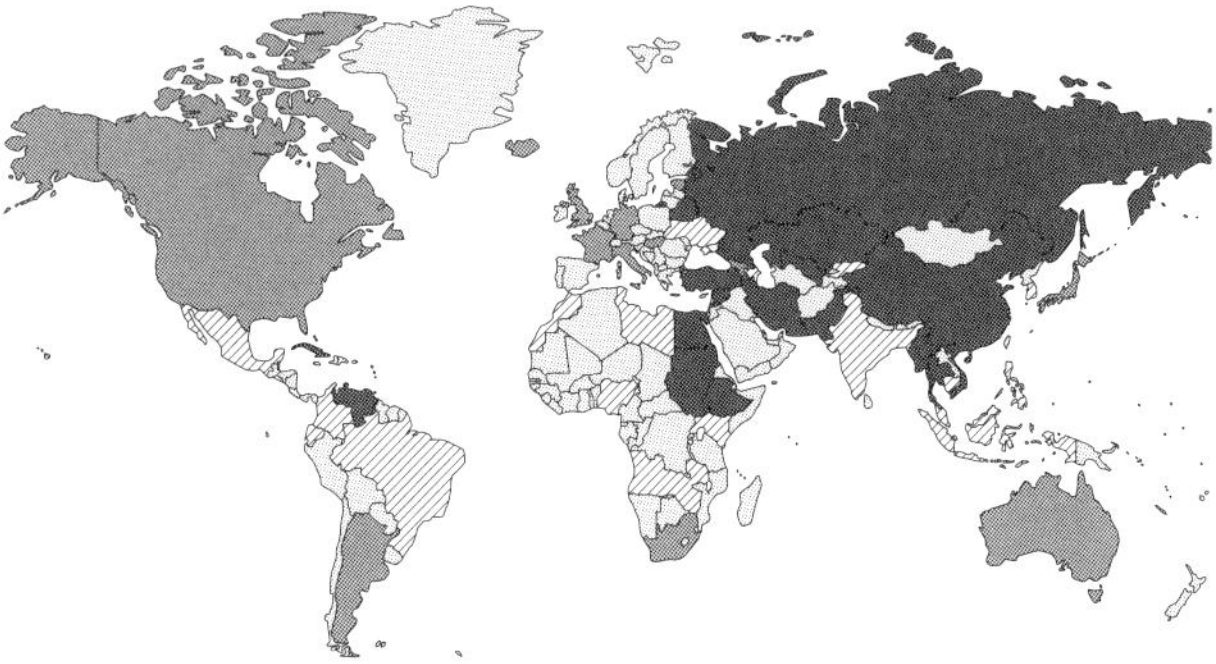

Free　Partly Free　Not Free　Countries not assessed

データの越境移転の制限は国によって取り扱いルールが異なる

日本

<table>
<tr><th></th><th>Aタイプ</th><th>Bタイプ</th><th>Cタイプ</th></tr>
<tr><td>個人データの越境移転</td><td>原則自由</td><td>本人同意があれば原則自由</td><td rowspan="2">原則制限</td></tr>
<tr><td>産業データの越境移転</td><td colspan="2">原則自由（安全保障は例外）</td></tr>
<tr><td>ローカライゼーション</td><td colspan="2">公共、医療、金融など分野限定的</td><td>原則国内保存</td></tr>
</table>

（出所）Freedom House“Freedom on the Net 2018: The Rise of Digital Authoritarianism”

15．我々は、杭州、デュッセルドルフ及びサルタにおけるコミットメントを再確認しつつ、デジタル化が、我々に包摂的で持続可能な経済成長を促進する機会をもたらすという理解を共有した。デジタル化はまた、社会的及び文化的な進歩と発展を促し、イノベーションを促進し、個人及び零細企業、中小企業を含む産業界が新興技術とデータから裨益する能力を与える。

16．データ、情報、アイデア及び知識の越境流通は、生産性の向上、イノベーションの増大、より良い持続的発展をもたらす。同時に、我々は、データの自由な流通が一定の課題を提起することを認識する。プライバシー、データ保護、知的財産権、セキュリティに関する課題に引き続き対処することにより、さらにデータの自由な流通を促進し、消費者及びビジネスの信頼を強化することができる。信頼を構築し、データの自由な流通を促進するためには、国内的及び国際的な法的枠組みの双方が尊重されることが必要である。このようなデータ・フリー・フロー・ウィズ・トラスト（信頼性のある自由なデータ流通）は、デジタル経済の機会を生かすものである。我々は、異なる枠組みの相互運用性を促進するために協力するとともに、開発に果たすデータの役割を確認する。

59．我々は、電子商取引に関する共同声明イニシアティブに基づき進行中の議論に留意する。

60. WTOでのそれぞれの共同声明イニシアティブの参加加盟国は、現在進行中の議論を歓迎し、進展を得ることにコミットすることを確認する。

WTOが抱える諸課題

WTO改革については、いかなる合意がなされたのか。

そもそも、多国間交渉を通じて自由貿易を守ろうとする試みは、一九四八年にGATT(General Agreement on Tariffs and Trade：関税及び貿易に関する一般協定）が二三か国の参加を得て発足したことに始まる。その後、GATTを強化する形で、一九九五年にWTOが発足。現在、一六四か国が参加しており、交渉の内容も関税の引き下げにとどまらず、サービスや知的所有権の問題など多岐にわたっている（図表1-13)。

他方、グローバル化の進展により、先進国と途上国間の格差は縮小しつつある（図表1-14)。一九九一年にはG7（Group of Seven：フランス、アメリカ、イギリス、ドイツ、日本、イタリア、カナダの七つの先進国）が世界のGDPの約三分の二を占めていたが、二〇一七年には

図表1-13　自由貿易をめぐる多国間交渉の流れ

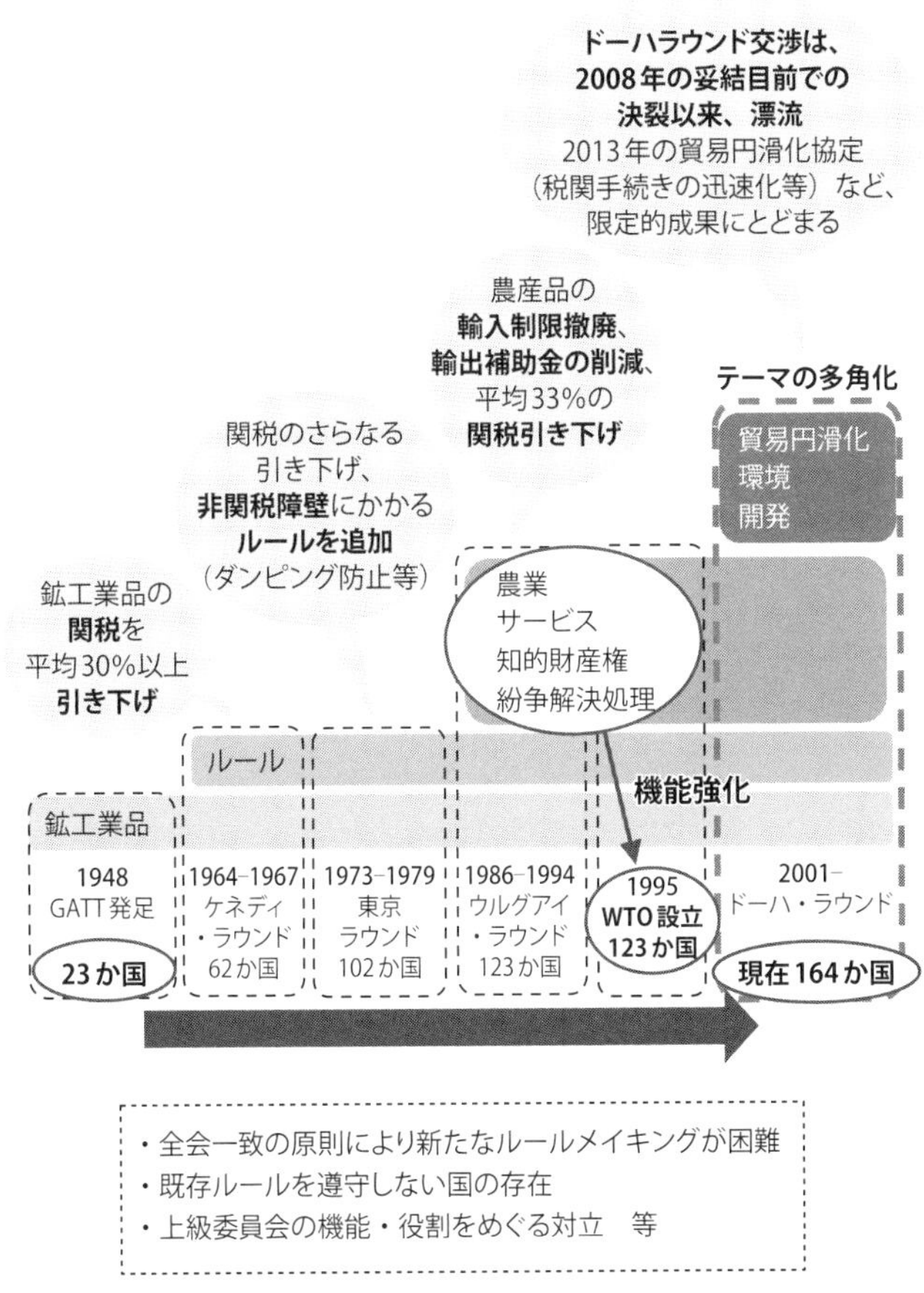

（出所）WTO事務局HP及び外務省HPを基に作成

図表1-14　GDPの比較（1991年と2017年）

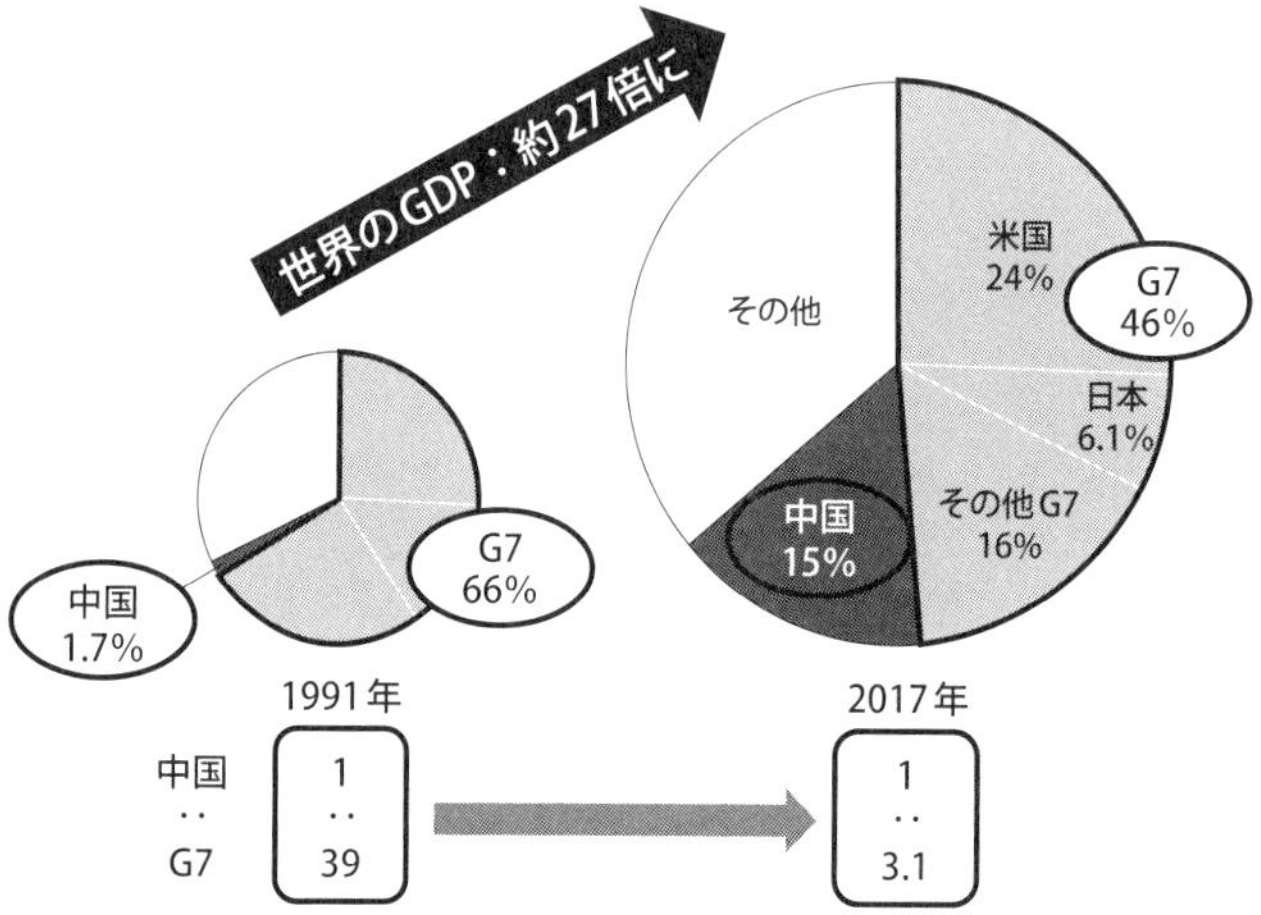

（出所）UNCTAD statを基に作成

四六％にまで低下している。その中で、中国は一・七％から一五％へと確実に存在感が大きくなっている。GATT発足当時は、先進国が一定の譲歩をすれば、それで多くの途上国を満足させることができたが、もはや、先進国の主導にも限界があり、新興国にも応分の負担が求められる状況となっている。

こうした環境変化に伴い、WTOはいくつかの課題を抱えるに至っている。

一つ目は、GATT以来、WTOは全会一致の原則を取っているが、加盟国数が一六四か国に増えてもなお全会一致の原則を維持している結果と、新たなルールメイキングが困難になっているという課題である。二つ目は、仮にルールがあってもこれを遵守する担保ができていないという課題である。たとえば、加盟国には、協定において政府または公的機関が講じている補助金制度等をＷＴＯに対して通報する義務が課されている。しかし、その義務に従って通報を行っている国は半数程度にとどまっているとされている。いくらルールが作られても、それがちゃんと守られているか、ＷＴＯが十分把握し得ない状況が生じているのである。そして三つ目は、紛争解決制度の課題である。ＷＴＯにおいて、国際的紛争は、一審の小委員会、上訴審の上級委員会の判断により解決手続きが行われるが、ここ数年は上級委員会の審理に顕著な遅れが目立っている。さらに、上級委員会に不満を持つアメリカが、上級委員の欠員補充をブロックしており、必要な人員が十分確保できないことによって、さらに紛争解決の機能を低下させることが懸念されている。

電子商取引有志国会合の立ち上げ

このようにＷＴＯはさまざまな課題を抱えているが、ＷＴＯ改革の一つの例が、二〇一七年一二月に立ち上げられたWTO電子商取引有志国会合である。この会合は、日本、オーストラリア、シンガポールが、電子商取引の貿易側面に関して、将来のWTOルール作りに向けた議論を行う場として立ち上げたものである。二〇一九年一月には、スイスのダボスにて非公式閣僚会合を開催。可能な限り多くのWTO加盟国の参加を得て高いレベルのルール作りを目指すことや、WTOルール作りに向けた交渉開始の意思を確認する共同声明を発表し、七八の加盟国が署名した。七八か国の中には中国やUAE（アラブ首長国連邦）も含まれており、WTO全加盟国の約半数の参加を得てルール作りの動きが始まっている。

G20貿易・デジタル経済大臣会合においては、上述のWTOが抱える三つの課題の認識を共有し、切迫感を持ってWTO改革に着手することに合意がなされ、閣僚声明にもその旨が盛り込まれた。

54. 我々は、G20ブエノスアイレス首脳宣言を基礎として、第12回WTO閣僚会議に向けた取り組みを含め、切迫感を持って必要なWTO改革に着手するため、他のWTO加盟国とともに建設的に取り組んでいく。

55. 我々は、WTO加盟国の貿易関連政策が透明であることの重要性を認識する。我々は、この目的を考慮に入れて、透明性と通報の改革に関する進行中のイニシアティブに留意する。我々は、既存の通報義務を果たすことへのコミットメントを確認する。

56. 我々はまた、WTOの機能を一層効果的にするため、WTOの通常委員会及び機関の活動を強化するための進行中のイニシアティブに留意する。

57. 我々は、機会を創出し、及びさまざまな課題に対処する上でのWTOの役割の重要性を確認する。我々は、第11回WTO閣僚会議（MC11）におけるマンデートに基づき、漁業補助金に関する包括的で実効的な規律に合意するための取り組みへの支持を改めて表明する。我々はまた、WTOのルールを更新するために進行中のいくつかのイニシアティブに留意する。

58. 我々は、電子商取引に関する作業計画の重要性を再確認する。

59. 我々は、電子商取引に関する共同声明イニシアティブに基づき進行中の議論に留意する。

60. WTOでのそれぞれの共同声明イニシアティブの参加加盟国は、現在進行中の議論を歓迎し、進展を得ることにコミットすることを確認する。

63. 我々は、WTO加盟国によって交渉されたルールと整合的な紛争解決制度の機能に関し、行動が必要であることに同意する。

G20首脳宣言のポイント

G20大阪サミットの首脳宣言（貿易・投資関連）にも、貿易・デジタル経済大臣会合で合意した内容のエッセンスが盛り込まれた。貿易上、地政学上の緊張の高まりに引き続き対処すること、自由、公平、無差別な投資環境を実現し、市場を開かれたものとすること、必要なWTO改革を支持していくこと、WTOの紛争解決制度の機能に関して行動が必要であること、公平な競争条件を確保するべく作業すること、などについて合意された。

鉄鋼グローバル・フォーラムについては、今秋（二〇一九年）に東京で閣僚会合が開催される予定となっており、フォーラムの作業を進捗させるための方策を検討し、コンセンサスを得ることを求めている。

デジタル化については、前述したデータ・フリー・フロー・ウィズ・トラストの考え方についておおむね合意し、デジタル経済の好機を活用することを確認した。なお、大阪ではG20の機会にあわせて「デジタル経済に関する首脳特別イベント」を開催。ここではトラ

6月28〜29日に開催されたG20大阪サミット
（©新華社/アフロ）

ンプ米大統領、ユンカー欧州委員会委員長、習近平中国国家主席など二七か国の首脳が、WTO電子商取引有志国会合に参加する七八か国とともに、デジタル経済、特にデータ流通や電子商取引に関する国際的なルール作りを進めていくプロセスである「大阪トラック」を立ち上げる旨の「デジタル経済に関する大阪宣言」を発表した。また、WTO交渉についても、二〇二〇年六月の第一二回閣僚会議までに実質的な進捗を得ることを目指すことに合意した。

今後とも、米中貿易摩擦がどのような進展を見せるか予断を許さない。こうした中、WTO改革について具体的な成果を上げ、ルールベースの国際貿易システムをしっかり機能

デジタル経済に関する首脳特別イベントで発言する安倍総理大臣
（©読売新聞／アフロ）

させていくことが重要である。世界のどの国よりも自由貿易の恩恵に浴している日本は、本年（二〇一九年）一一月まではG20議長国として、その後もその主要メンバーとして、また前議長国として引き続き本件に率先して取り組む必要があるだろう。

講演2

自由貿易をめぐって

石川城太

一般に経済学では、自由貿易は歓迎すべきものだとされている。たとえば、「通常、関税と輸入割り当ては、経済厚生を低下させる」という主張に九三％の経済学者が賛同している（『マンキュー経済学』第二章、東洋経済新報社）。しかし、ただ闇雲に自由貿易を推進していいかというと、そういうわけにもいかない。なぜなら、自由貿易を支持するリカードモデルやヘクシャー＝オリーンモデルといった伝統的な国際貿易理論にはさまざまな前提条件があり、現実の世界ではそうした条件が成立していないことが多いからだ。

そこで本講演では、自由貿易をめぐる経済学的、政治経済学的な伝統的理論を簡単に振り返った後で、最近のグローバリゼーションの進展、特にアンバンドリング、グローバル・バリュー・チェーン、デジタルデータ、そして現在のグローバリゼーションが抱える課題などについて論じる。

自由貿易を支持する伝統的理論

まず経済学や政治経済学の観点から、自由貿易を支持する伝統的理論を紹介しよう。

図表2－1は、自由貿易に関する伝統的な経済理論をまとめたものだ。

図表2-1　伝統的な経済理論を背景とした自由貿易論

レッセフェール→（パレートの意味において）最適な資源配分

- 市場の失敗が無いことを前提
  - ■完全競争
  - ■規模に関する収穫一定
    - ・生産要素の投入量と生産量が正比例
  - ■外部性の欠如
- 補償原理
- 衡平性

経済学は基本的に、限られた資源をどう効率的に配分するか、つまり、限られた資源でいかに大きなパイを作り出すかを追求する学問である。伝統的な経済理論で自由貿易が支持されるのは、それによって資源配分が最も効率的になるからだ。レッセフェール（自由放任）がパレート的な意味（つまり他の経済主体を犠牲にすることなく誰かの経済厚生を改善する余地が無いような状況をもたらすという意味）において最適な資源配分を達成することは理論的に証明されている。

ただしこれには、「市場の失敗が無い」という重要な前提がある。つまり市場がうまく機能していることが、自由貿易が効率的な資源配分をもたらすための大前提になっている。

より具体的には、「完全競争」、「規模に関する収穫一定」、「外部性の欠如」という三条件がそろっていなければならない。

「完全競争」とは、教科書的に言えば、市場に売り手と買い手が無数に存在しており、個々の売り手や買い手が生産量や購入量を変化させても、市場価格への影響が生じないような状態のことだ。完全競争下では、市場全体として需要と供給が一致するような価格が均衡価格となり、売り手も買い手もその価格を与えられたものとして行動する。つまり、財やサービスを売る側も買う側も市場を支配していないということである。ところが現実を見ると、たとえば日本のビール業界ではアサヒ、キリン、サッポロ、サントリーという四つの大企業が市場を席巻している。携帯電話であれば、NTTドコモ、KDDI、ソフトバンクの三社がシェアのほとんどを握っている。そういう状況で、完全競争と言えるのか。

「規模に関する収穫一定」とは、すべての生産要素の投入量がn倍になれば生産量もn倍になるという意味だ。たとえば、労働者の数も機械の数もまったく同じ工場を二つ作れば、工場が一つの時と比べて生産量は二倍になる。これも後で触れるように現実には「規模の経済」が働くことが多いから、必ずしも現実に即しているとは言えない。

「外部性の欠如」については、少し詳しい説明が必要かもしれない。

たとえば私の自宅の隣に、花を育てるのが好きな人が住んでおり、その家の庭に大きな花壇を作っているとしよう。その花壇は私の自宅からも眺めることができ、春や秋の最盛期には私も無料で花を楽しむことができる。経済学の世界であれば、私はそうした花壇から得ている満足感（効用）に対して、隣の人に対価を支払わなければならないが、実際にはそうなっていない。これが外部性の一つの例だ。このケースでは、周りの人に良い影響を与えているので、外部経済をもたらしているという。今度は、隣の家が犬を飼っており、その犬がしょっちゅう吠えているとしよう。それによって、私は寝不足になるかもしれない。この場合に経済学では、隣の人は、私が受けた被害に補償すべきということになる。しかし、実際にはそのような補償がなされていない場合がほとんどだ。これは、周りの人に悪い影響を与えているので、外部不経済の一例である。

経済学ではすべての取引が市場を通じて行われることが前提になっている。そのため、こうした外部性は理論上、存在しないことになっている。逆に言えば、外部性の欠如を想定することは、すべての取引が市場を通じて行われることを暗黙の前提としている。これも、あまり現実的な想定とは言えない。

そのほかにも、解決しなければならない問題がある。たとえば、自由貿易で経済のパイが大きくなっても、その結果として通常は勝ち組と負け組が生じる。その利害をどう調整するか。

経済学には「補償原理」という判断基準がある。ある経済政策が必ずしもすべての人に利益をもたらさない時、得をする人が損をする人に補償することで全員得するようにできるなら、その政策を認めるべきであるという考え方だ。こうした判断について国民の間できちんと合意形成がなされていることが、自由貿易が支持される前提となる。

さらに「衡平性」の問題もある。自由貿易でパイが大きくなった後で、国民の間にそれをどのような基準で公平に切り分けるのか。経済学では人々の状態・境遇に格差がなく、釣り合いがとれているさまを「衡平」と呼ぶが、自由貿易の成果の分配でも国民が望むような「衡平性」が実現されていることが重要になる。

このように、自由貿易の下で最適な資源配分が実現されるという議論にはかなり厳しい条件がつけられていることを認識しておく必要がある。

「市場の失敗」でも自由貿易はなぜ支持される？

図表2－2には、「市場の失敗」の下での自由貿易が支持される理由が紹介されている。市場が完全に機能していなくても、自由貿易はなぜ支持されるのか。

まず、「市場が失敗して」不完全競争の状態にあったとしても、自由貿易には競争を促進する効果があるという点を挙げられる。この点は直感的でわかりやすいだろう。たとえば、国内市場を国内企業が独占している場合には消費者は高い価格に直面するが、貿易が自由化されて外国のライバル企業が参入すると、競争によって価格が下がる。国内企業は損失を被るものの、消費者は価格低下の恩恵にあずかる。通常は、生産者の損失を消費者の利益が上回ることが知られている。

完全競争の条件下では、商品あるいは財は同質的であると仮定される。しかし、実際の財は差別化されており、貿易によってその財のバラエティ（商品の種類）がさらに増すことで消費者の便益が高まる点も重要である。

少し説明を加えると、経済学には「バラエティ愛好（Love of variety）」と「理想バラエティ

図表2-2　「市場の失敗」の下での自由貿易論

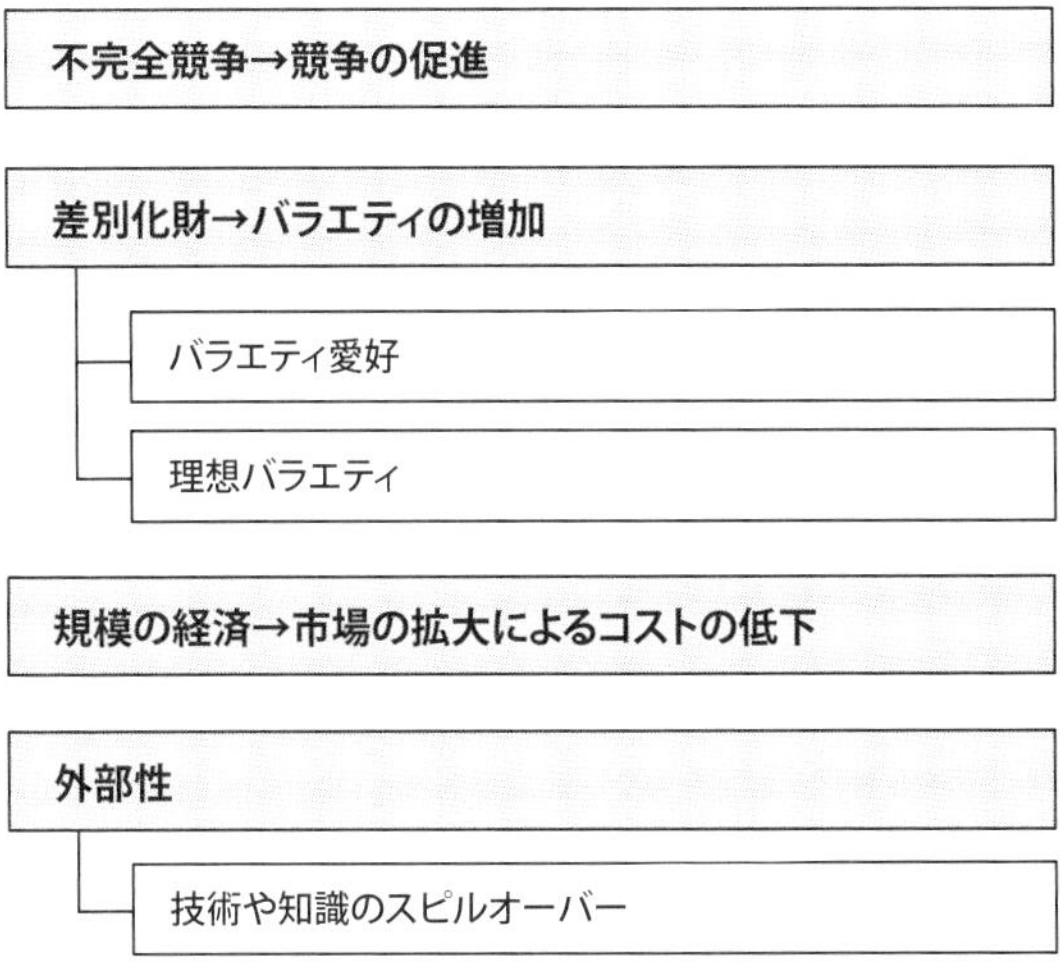
不完全競争→競争の促進
差別化財→バラエティの増加
バラエティ愛好
理想バラエティ
規模の経済→市場の拡大によるコストの低下
外部性
技術や知識のスピルオーバー

(Ideal variety)」という二つの考え方がある。「バラエティ愛好」は、消費者にとってバラエティが多ければ多いほどよいという考え方だ。たとえば消費者が車を二台購入するとしよう。レクサスを二台購入する場合と、レクサスとベンツを一台ずつ購入する場合を比較すると、レクサスとベンツを一台ずつ購入するほうが消費者の満足度が高まる。これが「バラエティ愛好」、つまりバラエティが増えれば増えるほど、消費者の満足度は高まるという考え方の一例だ。

貿易が盛んになれば、海外からさ

まざまな商品が入ってくる。バラエティが多様になるので消費者の利益にプラスになる。

次に「理想バラエティ」だが、たとえばある女性が赤色のリップスティックを気に入っており、それを一本購入する場合を想定してみよう。赤色と一言で言っても濃い赤から薄い赤までたくさんの種類がある。この女性は頭の中で理想の赤色を思い描いているはずだ。しかし、実際に店の陳列棚で、理想のリップスティックに出合えるかどうかわからない。理想に合ったものがあればそれを買えばいいが、無い場合には他の色合いのもので我慢しなければならない。

そうした時に、もし海外から自分の理想に近いリップスティックが輸入されるようになれば、それを購入するだろう。貿易が盛んになることで、より自分の好みに合った商品を入手できるようになって、消費者の満足度が高まる。

「規模に関する収穫一定」の条件は、先ほど述べたように、すべての生産要素の投入量をn倍にすれば生産量もn倍になるという意味だった。しかし実際の経済ではしばしば「規模の経済」が働く。すなわち、すべての生産要素の投入量をn倍にすれば生産量はn倍より増えるのだ。規模の経済が働くと、生産量が増えるに従って、平均生産コストが下がり、その結果販売価格も下がる。大量生産のメリットである。したがって、自由貿易によって市場が拡大すれば、企業の生産量が増え生産コストが下がるといったプラス効果を得ることができる。

伝統的な経済理論では、外部性が存在しないことが前提となっているが、外部性が存在する場合はどうなるか。たとえば、技術や知識には波及（スピルオーバー）効果があり、経済的な対価を支払うことなしに広がっていくことが容易に予想される。例として、ある技術者がA社からB社に転職すれば、その人がA社で得た技術がB社でも使われるようになるかもしれない。

極端な場合は、産業スパイによる知的財産の「盗み」のようなスピルオーバーも考えられる。また、技術の劣っている企業は、ライバル企業の製品を分解すること、いわゆるリバースエンジニアリングによってライバルの技術を吸収しようとするかもしれない。

いずれにせよ、貿易が盛んになり外国の最先端の製品が国内に入ってくるようになれば、製品に組み込まれた新しい知識や技術もすべてとは言わないが、いずれ伝わることになるだろう。それによって経済が受ける便益も大きい。

以上見てきたように、「市場の失敗」の下でも、競争の促進、商品のバラエティの増加、規模の経済、外部性の存在などの理由から、自由貿易は支持される。

図表2-3　目標と政策手段

ターゲット原則

- 生産量の維持・拡大→生産補助金

■関税＝生産補助金＋消費税

関税は最適な手段か

現在、米中貿易戦争に象徴されるように、世界中で保護貿易主義の傾向が強まっている。図表2-3には、特定の政策目的で自国産業を保護する場合、経済理論ではこうすべきだ、こうしたほうがよいという考え方が示されている。

講演1でも詳しい話があったが、アメリカのトランプ政権は安全保障や知的財産の保護を理由にして、外国からの鉄鋼製品やアルミ製品に、あるいは中国からの多数の輸入品に対して大幅な関税をかけるようになった。

アメリカに限らず各国の政府がこうした保護主義的な措置をとる場合、それなりの政策目的があるはずだ。経済学の知見では、その場合、政策目的に直接働きかける政策が好ましいとされている。

トランプ大統領
（©AP/アフロ）

たとえば何らかの理由で、ある国の政府が自国の製品の生産量を維持しなければならないと考えたとしよう。実際にトランプ政権は、輸入品が増え過ぎてアメリカ国内の鉄鋼やアルミの生産が大きく減るのは安全保障上好ましくないという理由で、関税の引き上げを行った。

しかし経済学では、そうした関税措置よりも、鉄鋼やアルミを生産する企業に補助金を直接与えて生産量を維持するほうが、経済全体に対するダメージが少ないことが知られている。輸入品に関税をかけてしまうと、国内の価格が上昇することで消費者やユーザー企業が損失を被ってしまう。関税は生産補助金と消費税を組み合わせた効果を持つことが知られている。消費者やユーザーの便益を下げずに、国内の生産量を維持したいのであれば、関税よりも生産補助金が好ましいというのが、経済学の知見だ。

別の例を挙げると、たばこは健康に害があるので政府が国内の消費量を抑制したいと考えているとしよう。この場合、輸入たばこに関税をかけるのではなく、国内のたばこ消費全体に直接税金をかけるべきということになる。

重要な点は、政策目的に応じて最適な政策手段を採用すべきだということだ。政府がこれをきちんと把握していなければ、保護措置によって国民の福祉がかえって低下してしまうことになりかねない。

集合行為論とロビー活動

政治経済学の観点から自由貿易を考えてみたい。図表2-4には、自由貿易がなぜ優れているかが政治経済学的な観点から示されている。

一つは、自由貿易にコミットすると、専門用語で言うところのレントシーキングの余地が減ることだ。レントシーキングとは何か。

図表2-4　政治経済学の視点からの自由貿易論

自由貿易にコミット→レントシーキングの余地↓

利益団体

■集合行為論

■献金競争

・資源の無駄遣い

・政策目標の歪み

情報の不完全性の問題→レッセフェールが次善の政策

何らかの政策を実施しようとすると、さまざまな関係団体から圧力がかかる。たとえば農産物の輸入自由化をしようとすると、農業団体が、輸入品との競合によって損失を被ることになるのでそれでは困る、何とかしてくれと政府に訴える。あるいは自由化に反対する政党や政治家に献金したり、選挙においては農業保護を訴える候補者を支持したりする。レントシーキングとは、こうした政治への働きかけでレント（超過利益）を得ようとする行為のことを言う。俗に言う「既得権益」もレントの一種と見なしてよいだろう。

利益団体の行動は、経済学の観点からは資源の無駄遣いになる。そうした無駄を避けるための一つの解決方法は、政府は何があろうとも自

図表2−5　輸入自由化に関するアンケート調査

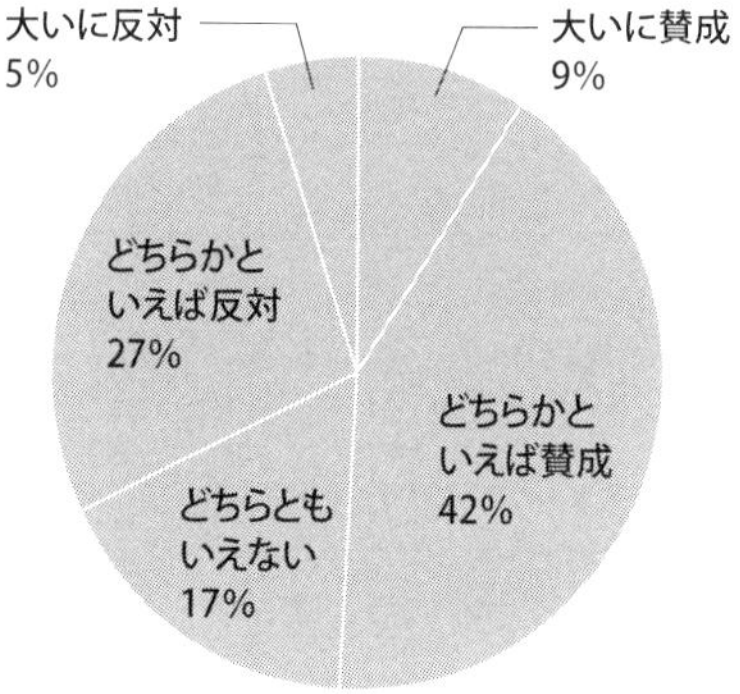

（出所）冨浦・伊藤・椋・若杉・桑波田「貿易政策に関する選好と個人特性―1万人の調査結果」RIETI

由貿易を推進するという強い意思表示をし、それを履行することである。こうして政府が一歩たりとも引かない態度を見せれば、利益団体が政治家に圧力をかけることも政治献金をすることもなくなる。自由貿易への強いコミットメントは資源の無駄を節約するメリットがある。

次に、集合行為論に話を移そう。

図表2−5は、貿易問題を研究している経済学者が二〇一一年に行った輸入自由化に関するアンケート調査結果だ。輸入自由化に賛成の人が五割程度、反対の人が三割強、どちらともいえない人が二割弱となっている。この結果から判断すると、民意としては自由化に賛成という

図表2-6　集合行為論

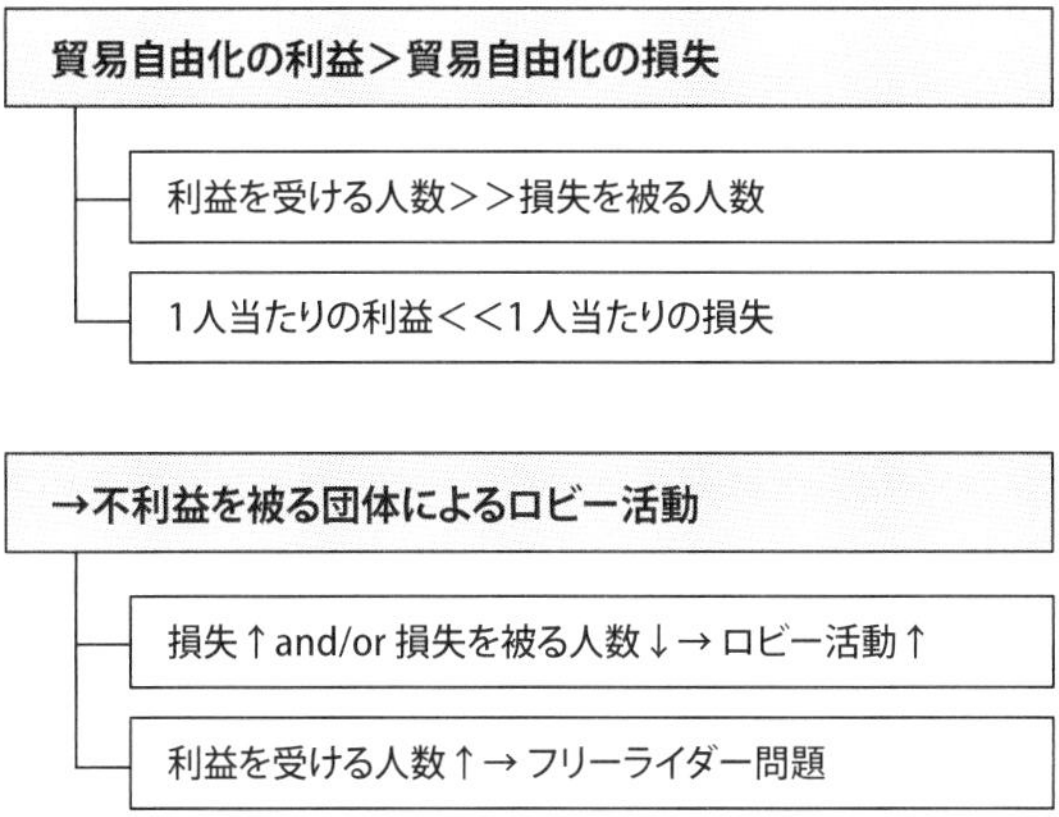
貿易自由化の利益＞貿易自由化の損失
利益を受ける人数＞＞損失を被る人数
1人当たりの利益＜＜1人当たりの損失
→不利益を被る団体によるロビー活動
損失↑and/or 損失を被る人数↓→ロビー活動↑
利益を受ける人数↑→フリーライダー問題

ことになる。

ところが実際には、輸入の自由化はなかなか進まない。ＴＰＰ（環太平洋経済連携協定：Trans-Pacific Partnership Agreement）の締結をめぐっても、世論調査ではＴＰＰへの賛成が反対を上回っていることが多かった。ところが、国会では相当根強い反対があった。

なぜこういう一見、矛盾したことが起こるのか。こういうパラドクスに、集合行為論は一つの解答を与えている。

図表2－6は、集合行為論のエッセンスを表したものだ。この理論はアメリカの経済学者・社会学者であるマンサー・オルソンが一九六五年に初めて唱えた

(邦訳は『集合行為論』ミネルヴァ書房)。

通常、貿易自由化がもたらす利益はその損失よりも大きい。ところが、利益を受ける人の数は損失を受ける人の数をはるかに上回っている。

貿易が自由化されると多くのモノの値段が下がる。その利益は消費者に満遍なく行き渡る。その一方で、貿易自由化によって不利益を被る人、たとえば輸入品との競合関係にある国内の生産者の数は限定されている。その結果、経済全体としては自由貿易の利益のほうが大きいが、一人当たりに換算すると不利益が利益を大きく上回ってしまう。したがって、損失を被るグループは、貿易自由化を阻止するためのロビー活動に積極的になるが、利益を得るグループはあまりロビー活動に熱心ではないということになる。貿易自由化によって所得が数百万も下がると予想されれば、必死に自由化を阻止しようとするだろう。他方、高々数千円の利益では、わざわざ霞が関まで出向いて貿易自由化の支持を訴えるようなことはしないだろう。

別の言い方をすると、貿易自由化で損失を被る人の損失額が増えれば増えるほど、またその人たちの数が減れば減るほど、彼らのロビー活動が盛んになるということだ。

これは日本の農業にぴたりと当てはまる。現在の日本では農業に従事する人の数がどんどん減っている。その結果、農産物の輸入自由化で生じる一人当たりの損失額は拡大傾向となり、農業団体のロビー活動に拍車がかかる現象が生じている。また、人数が少ないほうが、ロビー活動を組織しやすい。

一方、貿易自由化で恩恵を受ける消費者は数が多いために、一人当たりに換算すると利益が小さくなることに加え、わざわざ自分が政治家に働きかけなくても誰か他の人がやってくれるのではないかとも考える。

経済学ではこれをフリーライダー（ただ乗り）問題と呼ぶ。フリーライダー問題もあって自由化賛成派はなかなか組織だったロビー活動を展開することができない。

これが集合行為論のエッセンスだ。

ところで、どのような政策でも、その実施には正しい情報が不可欠だ。何が問題であって、その解決には何がベストな対策なのか。それさえ間違わなければ、必ず良い効果が得られるはずだ。ところが、現状把握や政策選択についていつも正確な情報が得られるとは限らない。正確な情報が伝わってこないことや、正確な情報自体を得られないこともある。

そういった場合は、間違った情報に基づいて政策をとるよりは、何もしない、つまりレッセフェールが次善の策（セカンドベスト）だという考えもある。

選挙と投票行動の政治経済学

図表2−7は、選挙と貿易自由化の関係を見たものだ。

たとえば選挙人が一〇人いて、貿易自由化に賛成する候補者と反対する候補者のいずれかを投票で選ぶという状況を考えてみよう。

図では、貿易自由化によって得る利益は上方に伸びた棒グラフの高さで、損失は下方に伸びた棒グラフの高さで示されている。一方、投票行動には費用がかかる。投票所までわざわざ出かけていって、誰に投票するかを決め、投票用紙に候補者の名前を記入し、投票箱に入れなければならない。

人によっては投票日の当日にすでに家族や友だちと出かける予定が入っており、期日前に投票しなければならないかもしれない。電車に乗って区役所まで出向いて投票しなければならないかもしれない。そもそも選挙なんて面倒くさい、仕事で疲れているから週末は自宅でゆっくり寝ていたい、と考える人もいるだろう。図表2−7では、こうした投票行動に伴う費用が、図の上と下にそれぞれ横線で描かれている。ここでは、図を見やすくする

図表2-7　選挙と投票行動

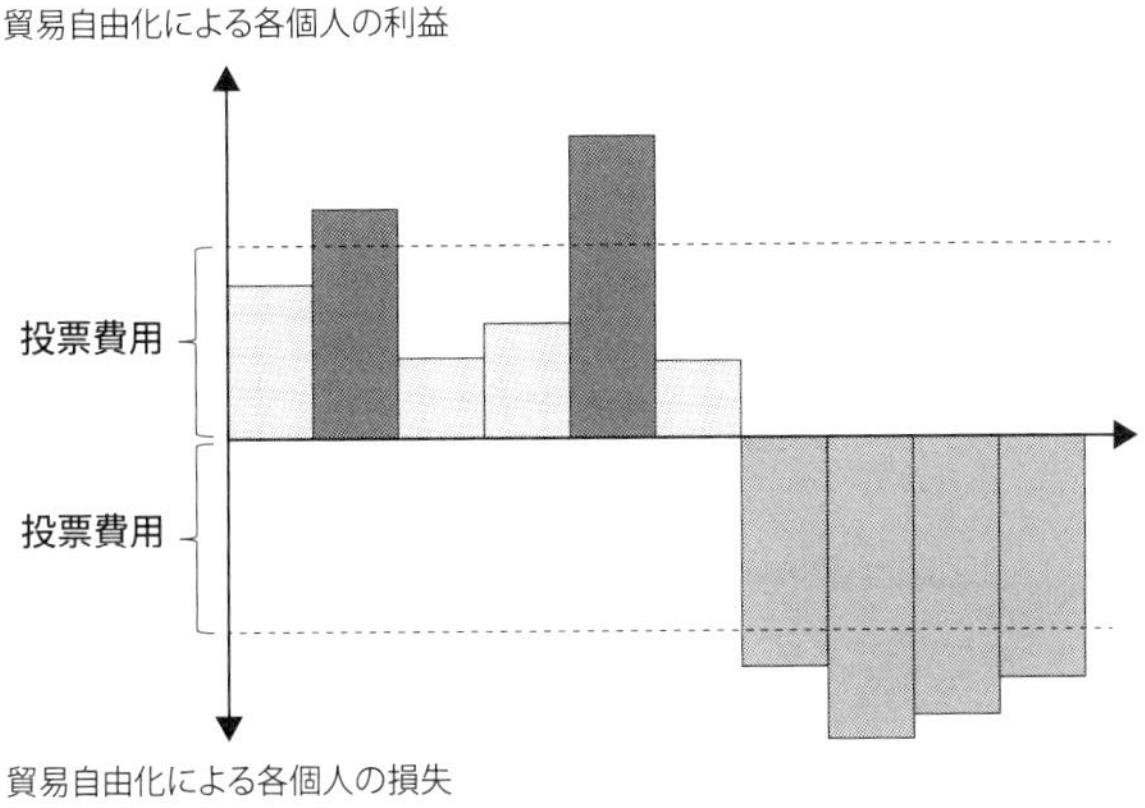

ために、すべての選挙人の投票費用は同じであると仮定している。

図の上段には自由貿易に賛成の六人の利益が個別に示されている。投票の費用よりも自由化による個人の利益が上回っているのは二人しかおらず、投票所に足をはこぶのはこの二人だけとなる。一方、図の下段には自由貿易に反対する四人の損失が描かれている。貿易自由化を阻止すれば、その損失を回避できるのだ。四人とも貿易自由化による個人の不利益が投票の費用を上回っており、全員が投票所に出かけるインセンティブを持つことになる。自由化反対候補を当選させたほうが、投票の費用を負担するだけで済むのである。

こうして、貿易自由化の賛否について「世論調査」を行うと賛成六対反対四で自由化支持が優勢となるが、実際に選挙を行うと反対四対賛成二となり、自由化反対の候補者が当選してしまう逆転現象が生じる。選挙と投票行動を見る場合は、こうした政治経済学的な分析が必要だ。

アンバンドリングとメガFTAの役割

次に、グローバリゼーションの進化に関連して、リチャード・ボールドウィン（Richard Baldwin）が提唱したアンバンドリング（Unbundling）という考え方を紹介したい。

ボールドウィンは、現在スイスジュネーブにある国際高等問題研究所教授で、過去にはコロンビア大学准教授や大統領経済諮問委員会委員などを歴任してきた国際経済学のエキスパートである。私も個人的に懇意にさせていただいている。彼の父親は有名な国際経済学者ロバート・ボールドウィン（Robert Baldwin）で、姉も経済学者、さらに彼女の夫もノーベル賞候補に挙がるほど著名な国際経済学者ジーン・グロスマン（Gene Grossman）である。家族の中に有名な経済学者を三人も輩出しているというすごい学者ファミリーの一員だ。

リチャード・ボールドウィン
（©読売新聞/アフロ）

図表2-8は、ボールドウィンが描くアンバンドリングの世界を図示したものだ。

グローバリゼーションが起こるまでは、自給自足の世界で、生産地と消費地が同じ場所に位置していた。それが蒸気機関などの発展により、生産地と消費地が次第に離ればなれになっていく。つまり比較優位の原則に従って生産地と消費地の分化が生じる。規模の経済も働いて生産は大規模化する。これが第一のアンバンドリングだ。

さらに情報通信技術などが発達すれば、第二のアンバンドリングが生じる。このステージでは、生産が一か所にとどまらず複数の場所で行われるようになる。これが、いわゆる生産のフラグメンテーションだ。

図表2-8　アンバンドリング

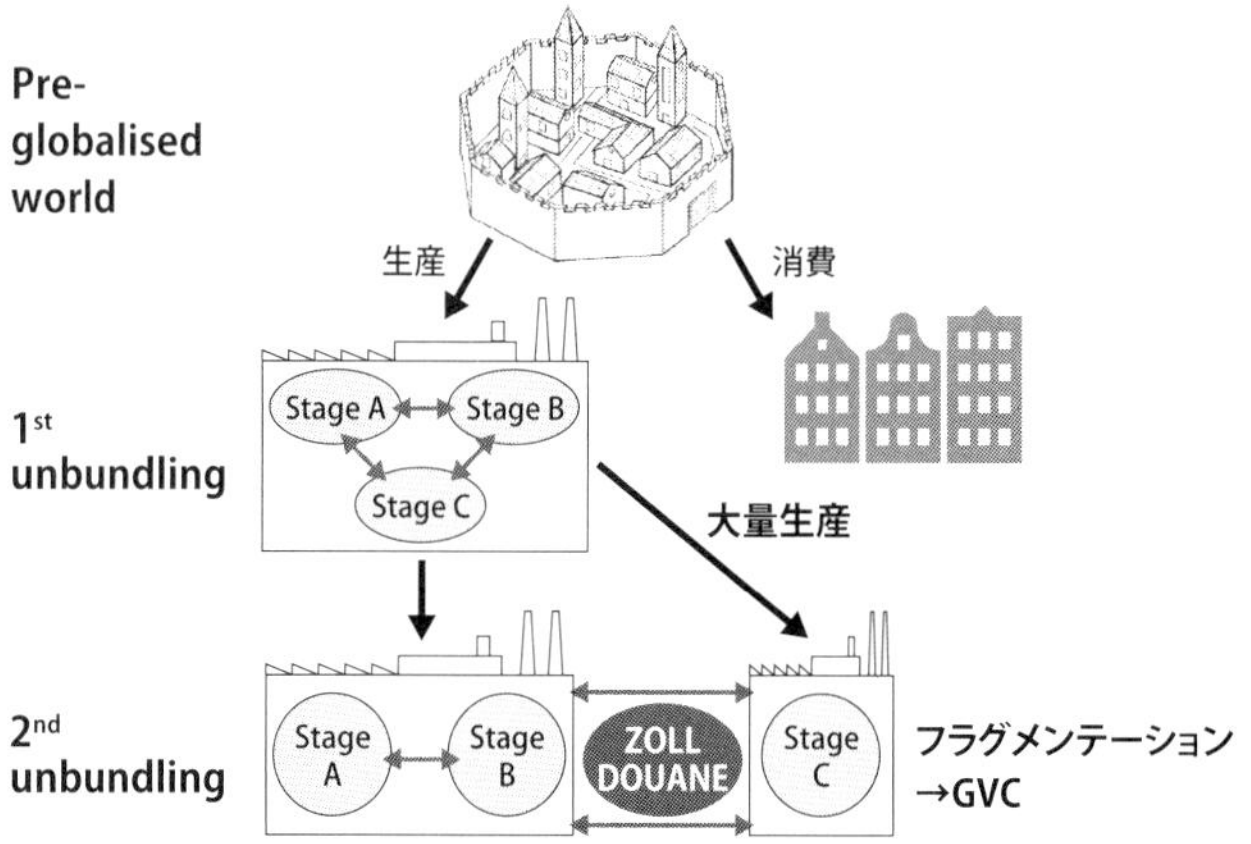

このフラグメンテーションとグローバリゼーションの関係についてもう少し詳しく説明しよう。

図表2-9は、フラグメンテーションの概念を示している。

生産工程は、通常、複数の生産ブロックが複雑に組み合わさって出来上がっている。生産工程をブロックごとに分割して、それぞれを最も適しているところに配置する。これが、フラグメンテーションという考え方だ。

今まですべての生産工程を日本の国内でこなしていたが、たとえばAとBの工程は日本、Cは中国、DとEは賃金の安いベトナムやカンボジアといったように、

図表2-9　フラグメンテーション（木村福成氏による作図）

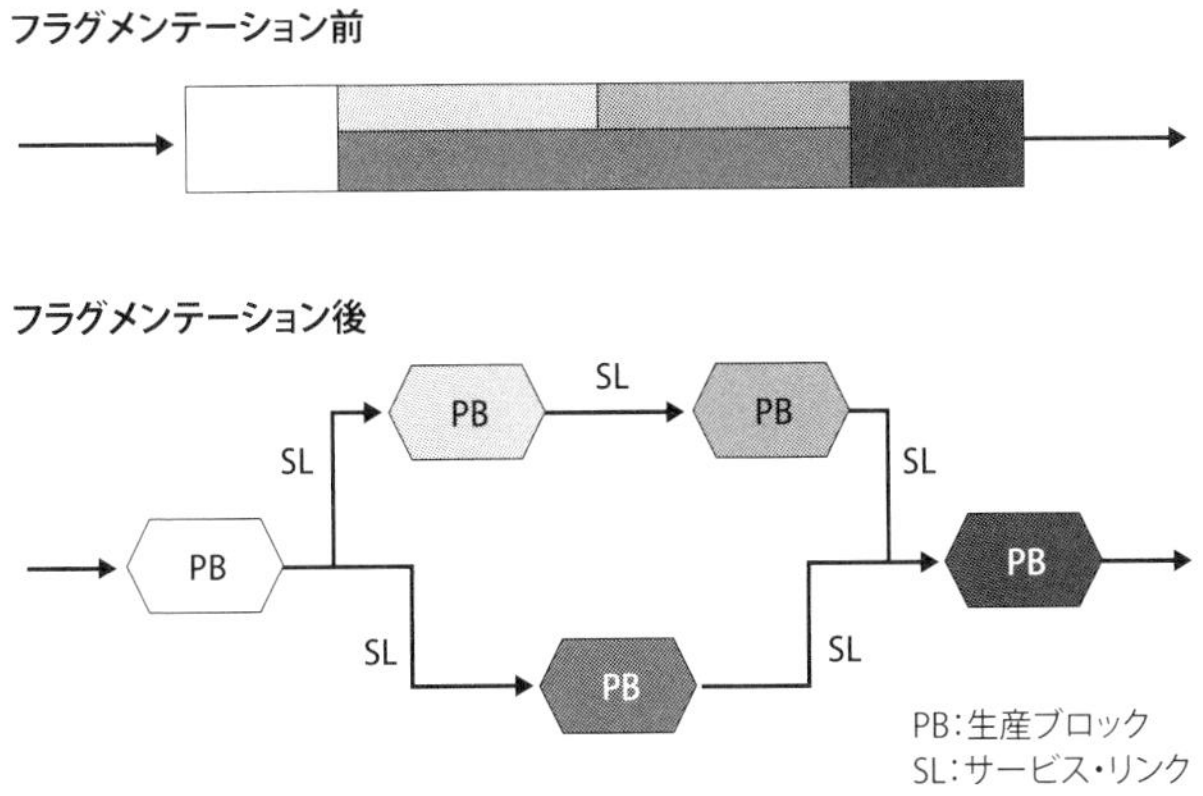

（出所）Fragmentation of production（Jones and Kierzkowski, 1990）

それぞれの生産工程に見合った最適な場所を見つけて再配置するのだ。

こうして生産工程を分割した後には、当然、中間財のやり取りが発生する。地域間の貿易の自由化が非常に重要になってくる。

図表2―9下段のフローチャートは、フラグメンテーション前後の姿をイメージしたものだ。PBは分割された生産ブロックを意味する。SL（サービス・リンク）は、分割された工程の間で必要になるコミュニケーションやモニタリングのことだ。それには当然、コスト、つまりサービス・リンクコストが発生する。

図表2―10に示したように、フラグメ

図表2-10　グローバル・バリュー・チェーン

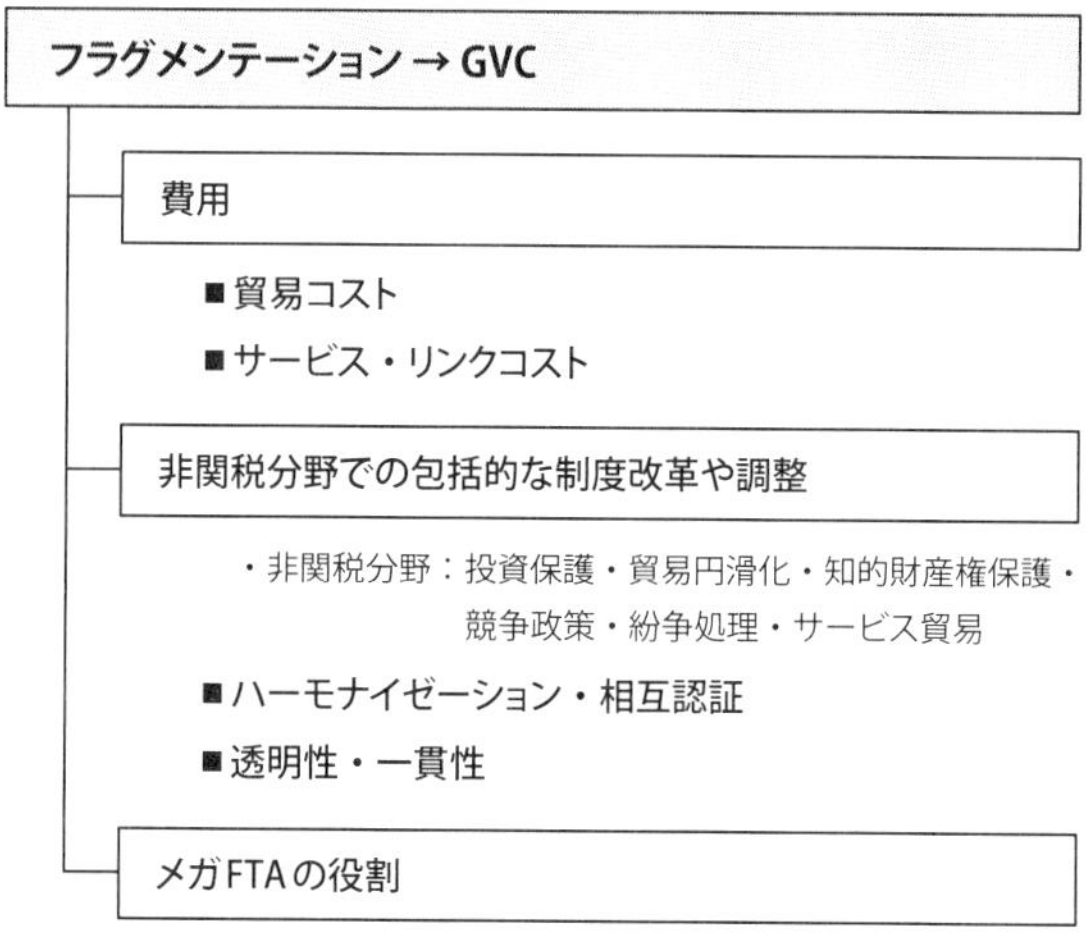
フラグメンテーション → GVC
費用
■貿易コスト
■サービス・リンクコスト
非関税分野での包括的な制度改革や調整
・非関税分野：投資保護・貿易円滑化・知的財産権保護・競争政策・紛争処理・サービス貿易
■ハーモナイゼーション・相互認証
■透明性・一貫性
メガFTAの役割

ンテーションが国境をまたいだグローバル・バリュー・チェーン（GVC：Global Value Chain）の形成につながっていくには、いくつかの前提条件がある。

フラグメンテーションの維持・運営には貿易コストとサービス・リンクのコストがかかるため、まず、それらの引き下げが重要である。

さらにこのフラグメンテーションがGVCへと発展していくためには、投資や貿易の円滑化、知的財産の保護、競争政策など非関税分野における包括的な制度改革や調整が必要だ。関係国間で制度のハーモナイゼーションとか、相互認証、透明性、一貫性などを推し進める必要がある。

こうした制度改革や調整は、メガＦＴＡ（自由貿易協定：Free Trade Agreement）、つまり多くの国の間でのＦＴＡを結ぶことによって解決できる。現在、ＲＣＥＰ（東アジア地域包括的経済連携：Regional Comprehensive Economic Partnership）と呼ばれる構想が進められている。これには、ＡＳＥＡＮ（東南アジア諸国連合：Association of South-East Asian Nations）一〇か国に日中韓の三か国、それにインド、オーストラリア、ニュージーランドを加えた合計一六か国でメガＦＴＡを結んで、包括的な制度改革や調整を一気に実現してしまおうという狙いがある。その結果ＧＶＣが形成されれば、ＦＴＡの便益が拡大し、多くの国の人々に恩恵をもたらすことになる。

このようにメガＦＴＡの果たす役割は大きい。すでに日本とEUの間ではメガＦＴＡが発効している。ＴＰＰ11も、残念ながらアメリカは不参加のままだが、メガＦＴＡと呼んでもよいだろう。

ＩＣＴの発達と第三のアンバンドリング

図表2－11は、グローバリゼーションのさらなる発展の方向性を示したものだ。

これまでのグローバリゼーションは基本的に、国境を越えてヒト、モノ、カネの移動が活発になることを意味していた。ところがこの一〇年、二〇年を見ると、データが国境を越える事態が起きている。この背後にあるのは情報通信技術（ＩＣＴ：Information and Communication Technology）の急速な発展とデータの活用だ。特に生産の中で各種のデータが利用されるようになっている。工場においてデータを収集して分析し、それに見合った形で生産を調整していくことが行われている。

特にビッグデータの移動は重要だ。その移動は、国際取引や国際分業の形態、あるいは国内外の所得分配に大きな影響を与えつつある。

ＩＣＴがもっと発達すると何が起こるか。

ボールドウィンは第三のアンバンドリングが起こり、さらにデジタルデータがもっと大量に活用できるようになると指摘している。第三のアンバンドリングとは、人の越境移動

図表2-11　グローバリゼーションのさらなる進展

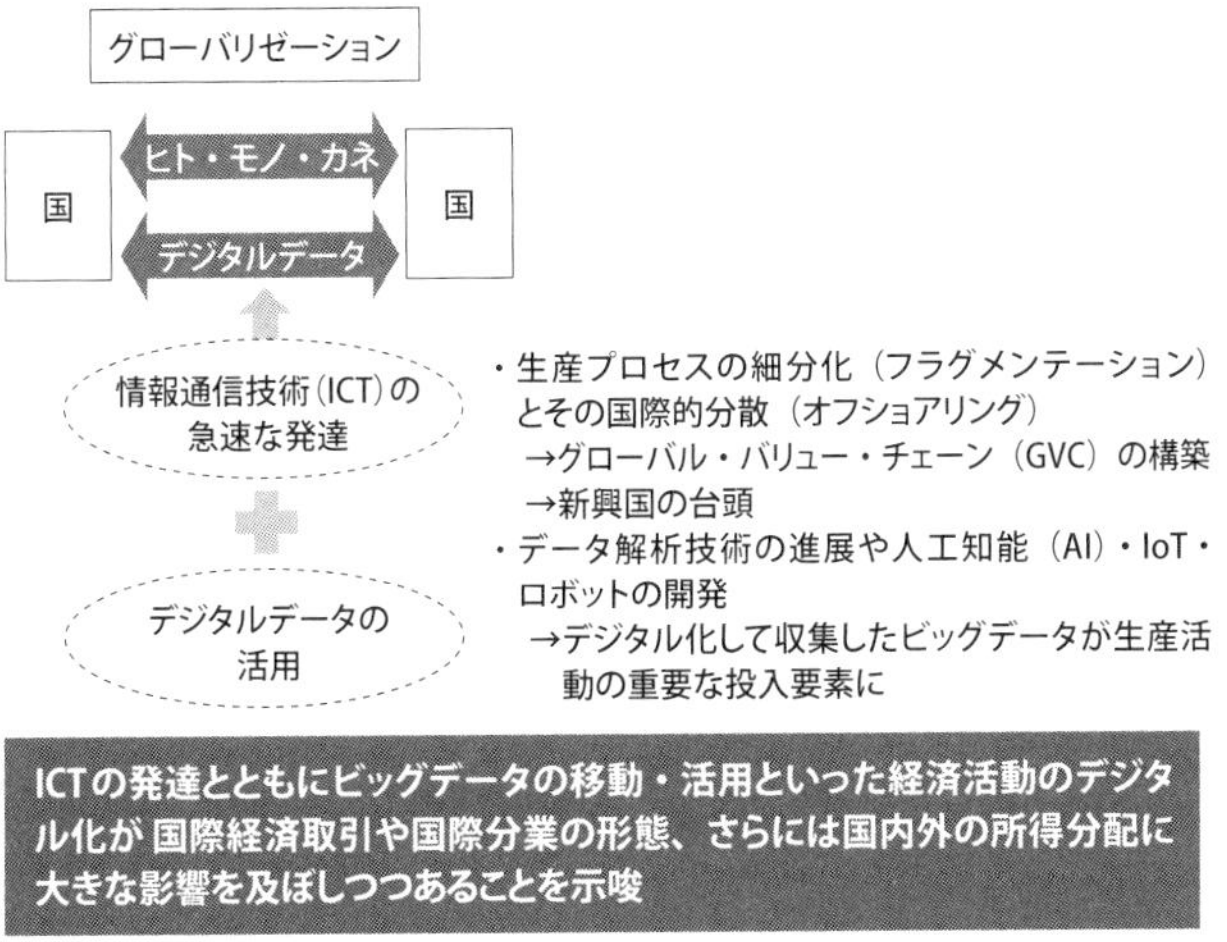

を代替するようなことが起こるということだ。

たとえばテレプレゼンス。企業が東京で会議を開く場合、テレビ電話やスカイプなどを使って、重役の一人はイギリスから、もう一人の重役はアメリカから参加するといった形だ。

もう一つの例は、インターナショナル・テレコミューティングスだ。これは人間が越境しなくてもタスク（仕事）を遂行できるようになることだ。たとえばアメリカの外科医がアメリカにいながら、日本の患者の患部画像を見ながら手術することなどが行われるようになる。

さらにボールドウィンは、次のようにも語っている。今までのグローバリゼーションではブルーワーカーの仕事が発展途上国に奪われるケースがあったが、ホワイトカラーは安泰というイメージが強かった。これからはホワイトカラーの立場も危なくなる。ホワイトカラーが現在従事している仕事が、インターネットを通じて途上国などにいても実行できるようになるからだ。

デジタルデータに関しては、前にも述べたようにビッグデータの越境移動が盛んになってくる。生産プロセスでのデータの活用、特に最近話題の「インダストリー4・0」、「中国製造2025」もこれに関連したものだ。各国が競ってこういったデータを使って、生産における革命を起こそうとしている。

急務となったWTO改革

最後に、今後の国際貿易の課題についても触れておきたい。図表2-12には、緊急を要する課題のいくつかが列挙されている。

図表2-12　今後の国際貿易の課題

- **WTO改革**
  - 紛争処理
  - 通商政策の透明化：補助金
  - 新たなルールの策定
  - 意志決定の方法
- **デジタルエコノミーへの対応**
  - 大阪トラック
  - 信頼ある自由なデータ流通（DFFT：Data Free Flow with Trust）
  - GAFA

一つ目は、ＷＴＯ（世界貿易機関）の改革だ。ＷＴＯの目的はグローバルな貿易自由化を推進することだが、皮肉なことに加盟国が増えた結果、かえってその推進力が急速に弱まっている。ＷＴＯの意志決定がコンセンサス方式となっているからだ。加盟国が増えても、ＷＴＯの紛争処理は機能してきた。貿易関連で何か紛争が起こった時に、ＷＴＯに持ち込めば紛争をうまく処理してくれたと言え

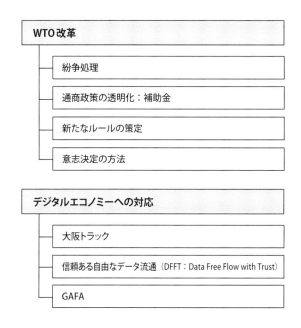

る。

ところが最近、WTOでいわゆる最高裁判所にあたる上級委員会が機能不全に近い状態に陥っている。上級委員会の審理期間は規定上九〇日以内だが、それを大幅に上回る審理日数が数多く見受けられる。また、委員の定員は七名だが現在は三名しかいない。しかも現在の委員のうち二名は二〇一九年一二月で任期切れとなる。この理由は、アメリカが二〇一七年以降、新しい委員の任命を拒んでいるためだ。アメリカは、上級委員会が本来の権限を超えたことを行っていると批判している。

さらに、一つの紛争案件には、三名以上の委員が担当すること、しかも委員は自国の案件には関われないというルールがある。現在、三名の委員のうち、二名は中国とアメリカの出身（残りの一名はインド人）であり、彼らは現在の米中貿易問題の処理に関わることができない。こうした開店休業の状態をいつまでも放置しておくわけにいかず、改革は急務だ。

二つ目は、デジタルエコノミーにどうやって対応するかだ。ここでは安倍首相がG20大阪サミットで唱えた大阪トラック（国境を越えたデータ流通のルール作りのための新たな交渉枠組み）、信頼ある自由なデータの流通、それにGAFA（グーグル、アップル、フェイスブック、アマゾン）問題の三点を提起しておきたい。

これから日本が第四次産業革命や「ソサエティ5・0」を目指すには、信頼に基づく自由なデータの流通が不可欠だ。モノづくりの現場とAI（人工知能）を結びつけることができれば、大きなイノベーションを起こす起爆剤になる。プライバシーやセキュリティに配慮しながらも、データが世界的な規模でネットを通じて集められ、加工され、それが再びネットを通じて流通していく。そうした体制をどう作り上げるかが重要な課題だ。

GAFA問題については、マーケットパワーを行使する、適切に納税を行っていない、利用者のデータを収集し囲い込んでいるといった批判が各国から寄せられている。

特に個人データの独占問題では、スマホやパソコンでの検索や買い物によって蓄積された膨大な個人データが、本人の同意なく勝手に広告などの事業活動に利用されてGAFAに莫大な利益をもたらしており、そうした行為が独占禁止法に違反するのではないか、という批判がある。イノベーションの源泉となるデータが特定の企業に独占されるのは、健全な姿とは言えない。こうした問題にしっかり対処していくことも必要だ。

最後に経済理論に話を戻すと、デジタルエコノミーがどんどん進行しているということは理解していても、現状ではそれに対応する経済理論の構築があまり進んでない。デジタル化を取り込んだ閉鎖経済モデルは一部に出てきているが、講演3で登壇される藤田昌久先生がご専門の空間経済学や産業組織論などの知見も取り込みながら国際経済学の新しい理論を形成していく必要がある。しっかりした理論がないと厳密な実証分析もままならず、現実の問題にも対応できない。デジタルエコノミーが世界に急速に広まる中で、それに対応した適切な経済政策を立案するために、経済理論から得られる知見は必要不可欠である。私自身も今後そのような理論構築に取り組んでいきたい。

講演3

グローバル化の下での多様性の促進

―アジアの視点から―

藤田昌久

本日のシンポジウムの統一テーマは、「文明と国際経済の地平」となっている。その中で、松尾前審議官及び石川先生による講演は、どちらかと言えば「国際経済」の視点からなされたものであった。当然ながら、国際経済の視点は不可欠ではあるが、現在、世界が置かれている状況を理解するには、歴史的ないし地政学的な、いわゆる「文明」の視点からの考察も必要だろう。そこで、私自身は「文明論」に関しての素人であるが、あえて文明的な視点から話をしてみたい。

多様性の中の統一という永遠のテーマ

冒頭から難問となるが、「文明の進歩とは何か」という大きな質問から提示したい。この難問に答えるにあたっては、まず「文明とは何か」という定義が必要となる。また、「いったい、文明は進歩するものなのか」という疑問も湧く。後者の疑問を一切飛ばした上で、私の個人的な見解を述べると、文明の進歩とは「Beautiful harmony の下における多様性の増大」であると考える。ちなみに、Beautiful harmony は、日本における新元号「令和」の公式な英訳である。

そして、文明の現状については、「Ugly conflicts（冷戦）の下における多様性の排除」に向かいつつあると捉えている。つまり、今は文明の後退期にあるというのが私の見立てである。ただし、文明の一時的な後退は、長い歴史の中で繰り返し起こってきたことでもあり、特別に目新しい事態ではない。

ところで、「Beautiful harmony の下における多様性の増大」は、「United in diversity：多様性の中の統一」という言葉で言い換えることができる。多様性の中の統一を実現することは、人類の歴史を通じた永遠のテーマであり、その夢を追い求める過程で失敗と挑戦を繰り返しながら、人間の文明は長期的に少しずつ前進してきた。

最近の例を挙げると、一九九三年に一五か国から出発し、現在二八か国が参加するEU（欧州連合）のモットーは、ラテン語でIn varietate concordia（イン・バリエターテ・コンコルディア）。文字通り、多様性の中の統一である。ただ、その理念を掲げるEUも、現在は移民問題などを背景に大きく揺れ動いているのは周知の通りである。

少し歴史をさかのぼると、独立宣言の直後、一七八二年に制定されたアメリカ合衆国の国章には、ボールドイーグルのくちばしに黄色いリボンが銜《くわ》えられ、そこにラテン語で「E PLURIBUS UNUM」と書かれている。これも「多様性の中の統一」という理念を表すもの

図表3-1　欧州旗とアメリカ、インドネシアの国章

The EU motto: **In varietate concordia**

The national emblem of Indonesia
BHINNEKA TUNGGAL IKA

The national emblem of the USA
E PLURIBUS UNUM

と理解できるだろう。実際に、アメリカ合衆国は建国以来、人種のるつぼとして世界のあらゆる多様性を取り込み、融合させつつ、大きく発展してきた。しかしながら、最近のトランプ政権による政策は、多様性排除の傾向を強めてきている現状がある。

アジアに目を向けると、インドネシア共和国の国章には、伝説上の鳥である「ガルーダ」があしらわれ、その足は国家標語である「BHINNEKA TUNGGAL IKA」（多様性の中の統一）をつかんでいる。インドネシアの人口は、日本のおよそ二倍にあたる約二・五五億人（二〇一五年、インドネシア政府統計）。面積は日本の約五倍に相当する約一九二平方キロメートルを有する大国であ

る。その国土は、一万を超える島々からなっており、四九〇もの言語と民族を有する、多様性そのもののような国である。一九四五年に共和国として独立して以来、多様性の中の統一という国家標語の下、民主化と地方分権を推し進め、現在でも五％を超える高い経済成長率を維持しており、G20のメンバーの一員としてだけではなく、アジアにおける民主化の守り手として発展を続けている。

試練に晒されるグローバル化と地域連合

現在の世界経済を見ると、今世紀の初めまで大きく進展してきたグローバル化と地域統合は、大きな試練の下にある。ごく最近における反グローバル化、反地域連合の動きに注目すると、まず、二〇一九年三月にイギリスでEU離脱の是非を問う国民投票を行い、離脱を決定した問題（Brexit）が挙げられる。ただし、EU離脱の協定案がイギリス議会で否決され、現在もなおEU離脱の道筋は付いておらず、「合意なき離脱」の可能性も排除しきれない状況が続いている。また、二〇一九年五月末に行われた欧州議会議員選挙では、親EU派が多数を維持したものの、イギリスではEU強行離脱を訴えるブレグジット党、フランスでは極右政党である国民連合、イタリアは同盟と、それぞれEU懐疑派が第一党へと躍進した。

一方、アメリカでは、二〇一七年一月に就任したドナルド・トランプ大統領の下、"America First"に基づく国益第一主義、保護主義、反移民的な色彩の強い政策が次々に推し進められてきた。現在では米中のいわゆる「貿易戦争」及び「ハイテク戦争」などを通じ、中長期の米中覇権争いの様相を呈している。

動揺する世界秩序の背景

では、これまでグローバル化の下で形成されてきた世界秩序は、今なぜ大きく揺れ動いているのか。その背景について見てみよう。

アメリカの人工衛星が二〇一二年に撮影した、地球の夜の写真をつなぎ合わせたものを見ると、経済活動が集積している地域は、明るく輝いていることがわかる（図表3－2）。特に、大きな楕円で囲まれた三つの地域は顕著に輝いている。アメリカ合衆国を中心とする北米地域、ヨーロッパ地域、東アジア地域である。加えて、インド地域にも輝きが認めら

図表3-2　経済活動が集積する地域を表す地球の夜の写真

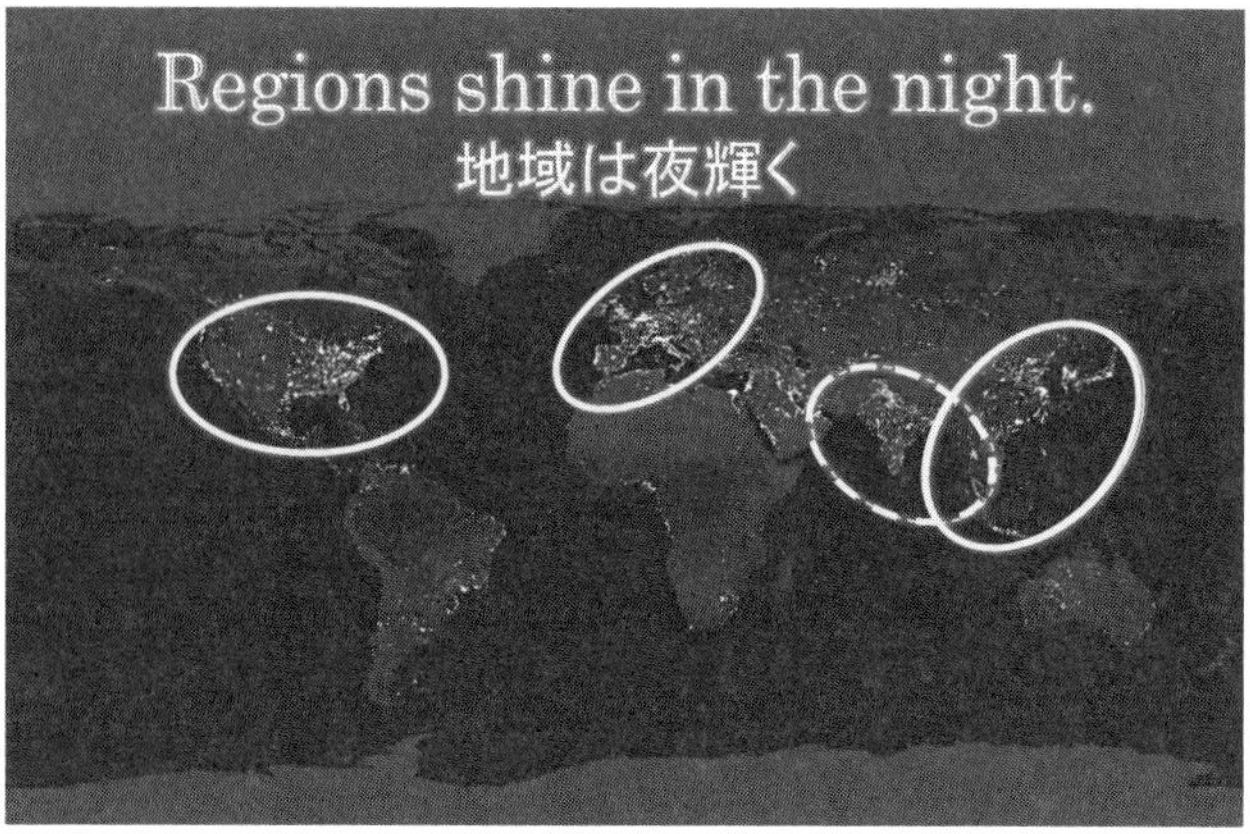

（出所）Earth at night 2012, NASA Earth Observatory/NOAA NGDC
（http://earthobservatory.nasa.gov/Features/NightLights/）

れる。

空間経済学の理論によると、コンテナ船やジェット機による輸送だけでなく、インターネットによる情報送信など、広い意味での輸送費が大きく低減すると、経済活動は世界中にフラットに分布するのではなく、逆に特定地域に大きく集積することがわかっている。実際に、現在、三つの楕円で囲まれた地域にインドを加えると、世界のGDP（国内総生産）の約八五％近くが集まっている。

これをより細かく見てみよう（図表3－3）。二〇一六年の、世界全体のGDPにおける各地域のシェアは、イ

図表3-3　世界全体のGDPにおける各地域のシェア

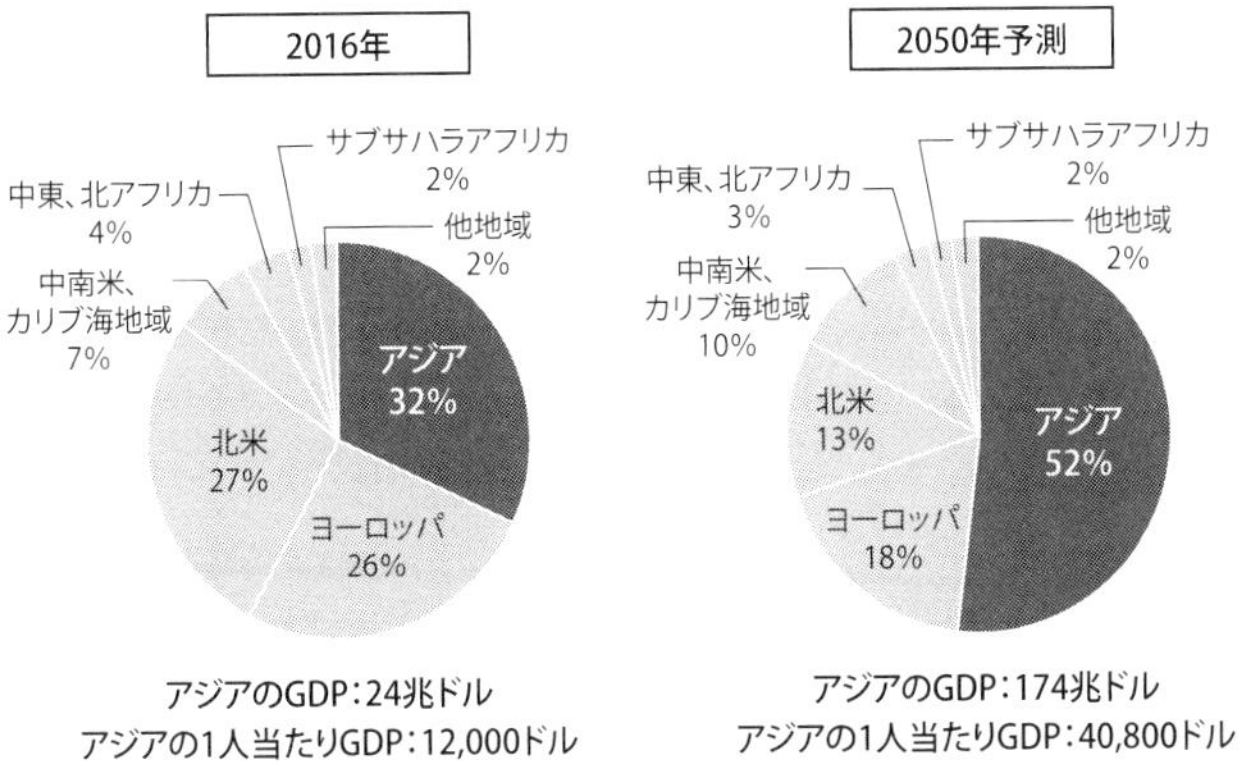

（出所）"Asia 2050", which is a study in 2011 commissioned by ADB

ンドを含むアジアが三二％、ヨーロッパが二六％、アメリカを中心とする北米が二七％となっている。二〇五〇年には、アジアが世界全体のGDPの五二％、ヨーロッパが一八％、北米が一三％となると予測されている。二〇一六年には、アジア、ヨーロッパ、北米の三地域それぞれが、ほぼ同じく三〇％近くのシェアを分け合っていたのが、二〇五〇年になるとヨーロッパはアジアの約三分の一、北米は四分の一程度にまで減少し、アジアが相対的に大きなシェアを持つようになると見られている。にわかには信じがたいかもしれないが、これが世界銀行に次ぐ国際機関のアジア開発銀行が出した予測である。

米中覇権争いの今後

冷静に考えると、この予測は、それほど意外なものではないことがわかる。世界人口におけるアジアのシェアは、二〇五〇年に五二％に達すると予測されている。これは、ＧＤＰのシェアとまさしく合致する。つまり、二〇五〇年にはアジアの平均所得が世界の平均所得になるということであり、それほど驚くには値しない。

図表3－4は、世界のＧＤＰにおけるアジアのシェアの推移を長期的に見たものである。これによると、アジアのシェアは、一七〇〇年には六八％であった。以降、産業革命によりヨーロッパとアメリカの経済が急速に発展し、一九七〇年にアジアのシェアは約一六％にまで落ち込んだ。しかし、世界経済の急速なグローバル化とともに、アジア経済は急成長を遂げ、前述の通り二〇五〇年には五二％のシェアを占めるに至ると予測されている。

イギリス最大の金融機関であるＨＳＢＣによれば、二〇三〇年には米中のＧＤＰが逆転し、ついに中国が世界最大の経済大国になることが予測されている（図表3－5）。当然なが

図表3-4　世界全体におけるアジアのGDPシェアの長期推移

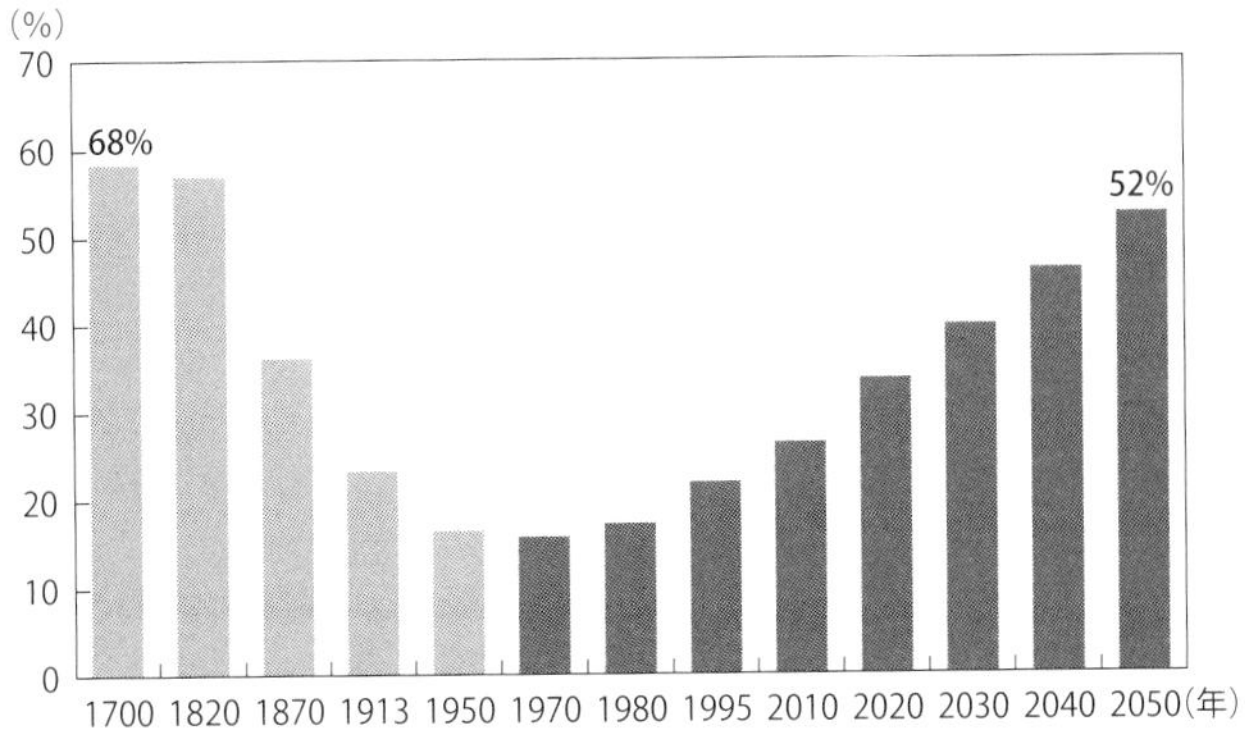

（出所）Asian Development Bank "Asia 2050: Realizing the Asian Century" "Asian Development Outlook 2017"

図表3-5　アメリカと中国のGDPの推移

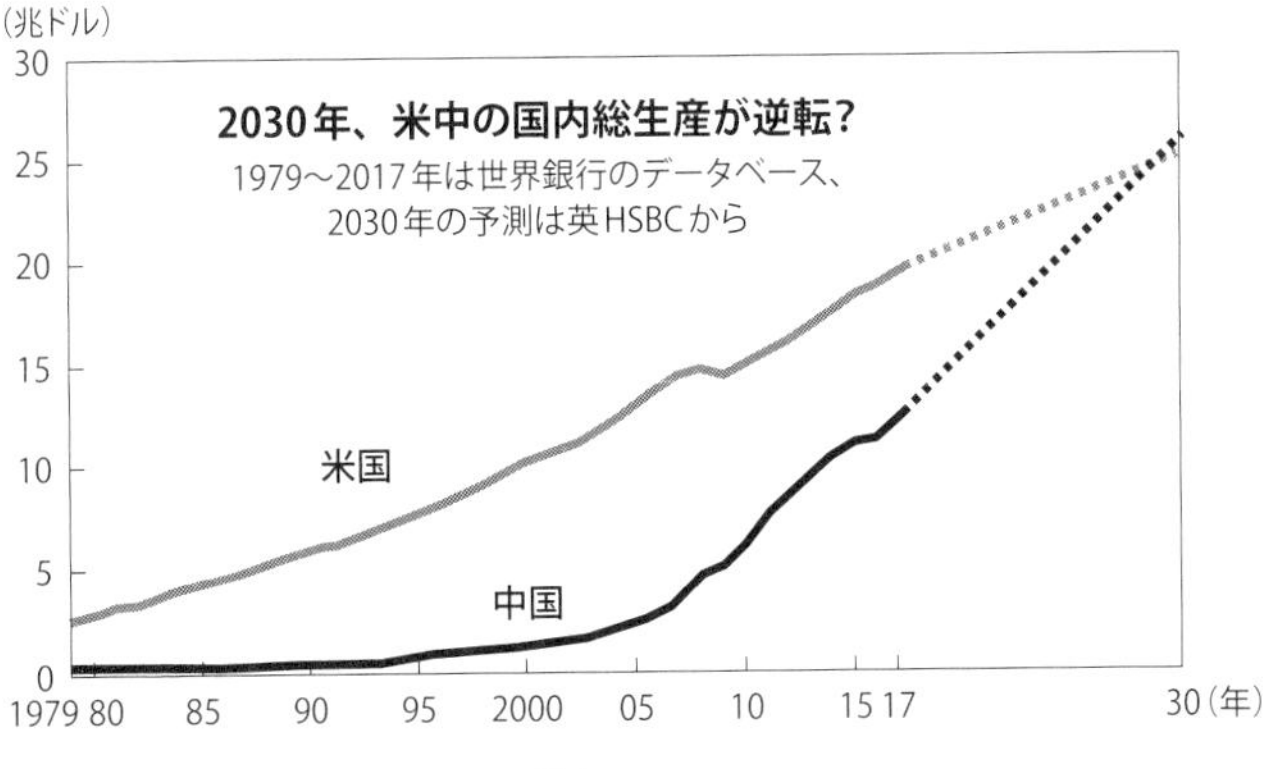

（出所）『朝日新聞』2019年5月27日付け

ら、この将来予測が的中する保証はない。しかし、トランプ大統領のみならず、アメリカの焦燥を生み出しているのは間違いないだろう。こういった予測が出てくることそのものが米中の覇権争いの背景にあると考えるのが自然である。

なぜ多様性が重要なのか

ここで少し視点を変えることにしよう。

本講演の冒頭で私は、「文明の進歩とは、Beautiful harmony の下における多様性の増大」であると述べた。ではなぜ、多様性がそれほど重要となるのか。それを議論する上で、本講演では、二一世紀の知識創造社会（Brain Power Society）における、一人ひとりの人間、さらには地域文化の多様性の重要性に焦点を当てて、少し深掘りしてみたい。

二一世紀の知識創造社会、つまり広い意味でのイノベーション活動を中心とする社会において、最も中心的な資源は、当然ながら一人ひとりの頭脳（Brain Power）である。

ビッグデータも重要な資源の一つではあるが、ビッグデータを活用して新しい知識を生み出す根源的な力は、一人ひとりの頭脳にほかならない。ただし、全員の頭脳が同じであ

図表3-6　頭脳の共同から生まれる相乗効果

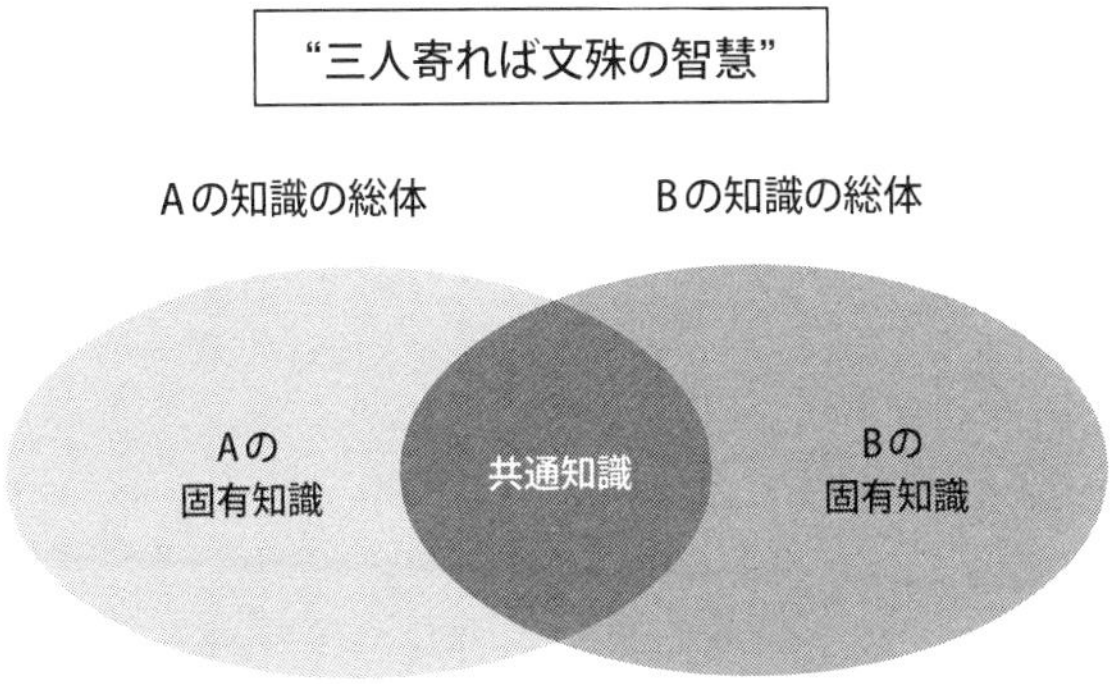

る場合、社会全体に何ら相乗効果は生まれない。頭脳の多様性が知識創造における相乗効果を生み出すのである。個人を超えて、地域や国という単位で考えると、やはり独自の知の集積である文化の多様性から、異文化交流による相乗効果が生まれることがわかる。

　多様な頭脳の共同から生まれる相乗効果を、日本では古くから「三人寄れば文殊の智慧」という格言で表現してきた。この格言を二人の知の共同において表したのが図表3−6である。

　左の楕円はAという人の知識の総体を表しており、右の楕円はBという人の知識の総体を表している。二つの楕円の重なった領域は、二人の共通知識を表している。そして、Aの知識の総体から共通知識を除いた部分はAの固有知識であり、Bの知識の総体から共通知識を除いた部分はBの固有知識である。

今、この二人が、ある共同研究に取り組もうとしているとする。その場合、両者の間にある程度の共通知識がなければ、うまくコミュニケーションを取ることができず、生産的な研究は成立しないと考えられる。反対に、両者の共通知識がほとんど重なり合っている場合も、知識創造の相乗効果を得ることは困難であり、共同研究のメリットは薄れてしまう。つまり、二人による知の共同作業が相乗効果を生み、生産的であるためには、二人の知の総体の中で、共通知識とそれぞれの固有知識、この三要素の間に適度なバランスがあることが肝要である。

「三年寄れば文殊の智慧」は長期的に成立するか

「三人寄れば文殊の智慧」は素晴らしい格言であるが、私が問題としたいのは、長期的にもこの格言は真実かということである。

経済学の研究者は、一人で論文を執筆するケースは少なく、むしろ二人、あるいは三人

図表3-7　長期的には肥大化する共通知識

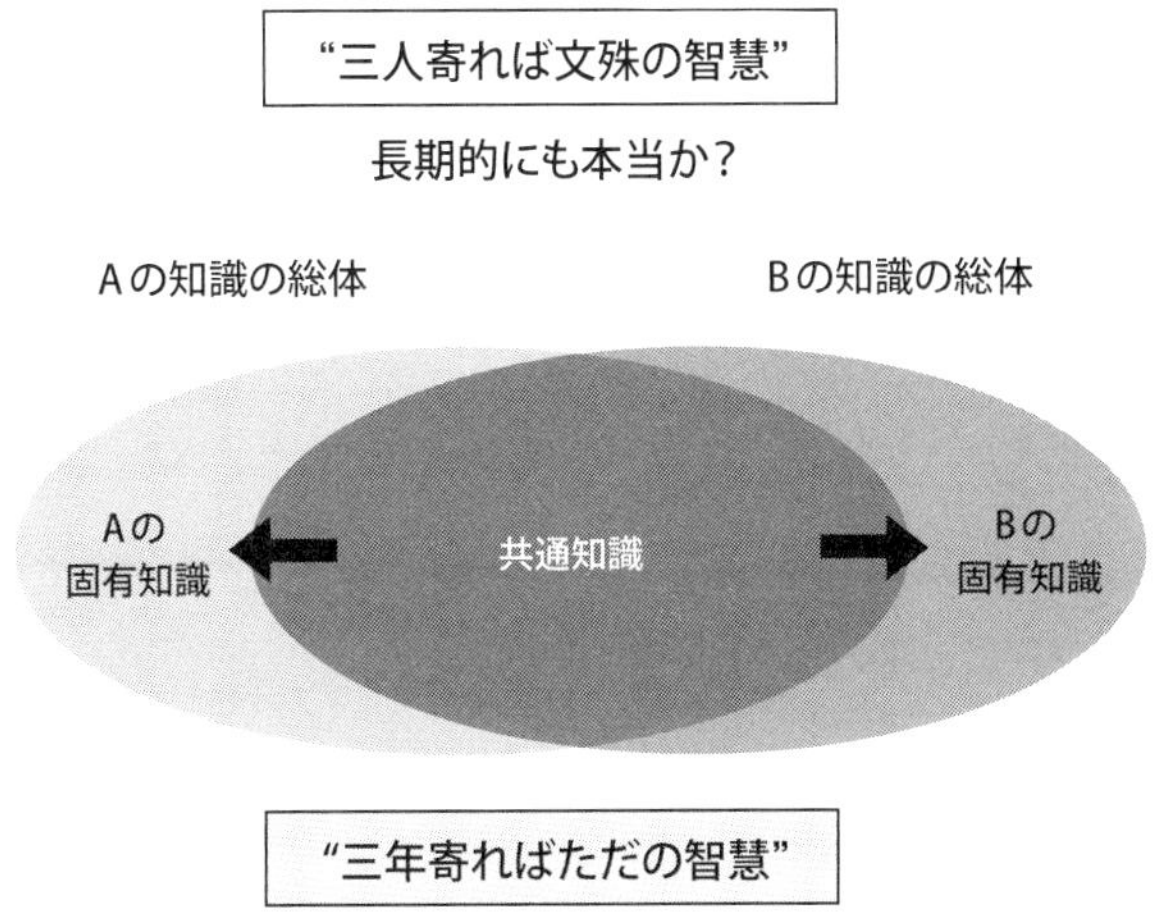

の研究者が共同研究を行い、論文を執筆するケースが多い。たとえば、二人の仲のよい研究者が共同研究を続けているとする。その場合、二人が執筆した論文は、最初こそ新鮮味があって面白いのであるが、研究を続けていくうちに、論文の魅力は低下していく傾向がある。その理由は、両者の共通知識が肥大化したことにある。三人寄れば文殊の智慧が、「三年寄ればただの智慧」になってしまうということである(図表3-7)。

これは、個人レベルはもとより、国家レベルでも同様である。たとえば、日本では戦後の東京一極集中によって、多くの知識労働者が東京に集まってきた。彼らは、仕事帰りに、新橋のガード下の焼き鳥屋さんなどに集まり、世界的によく知られているところの"nominication"を夜な夜な続けてきた。この"nominication"ないし"learning by drinking"は、二律背反の効果がある。

確かに、明治以来、日本各地からそれぞれ異なる文化を背負った元気な若者たちが東京に集まることで、密なコミュニケーションが相乗効果を発揮し、一九八〇年代の初めくらいまで日本の経済は大いに成長してきた。しかし、その後、東京さらには東京のマスコミに支配されている日本全体で共通知識の肥大化が進み、全員の頭脳が金太郎飴のようになり、知識創造における相乗効果が減少するとともに、イノベーション力が減退し、経済成長も勢いがなくなった。

多様性と創造について「バベルの塔の物語」から考える

では、いかにして二律背反という根本的な問題を解決できるのか。そのヒントを、有名な「バベルの塔の物語」から説明してみたい。「バベルの塔の物語」は、もともとは旧約聖書に書かれたものである。中世のヨーロッパでは、いろいろな画家が想像力を逞しくして、

図表3-8　絵画作品に描かれる「バベルの塔の物語」

（©Bridgeman Images/アフロ）

塔をモチーフにした絵画を描き残している（図表3―8）。

改めてストーリーを簡単に紹介してみよう。昔々、単一言語で統一されたエンパイア（帝国）があり、このエンパイアの人類が高慢になり、神に挑戦して、天にも届くバベルの塔の建設を始めた。怒った神は、多数の違った言語を人々に割り与えて世界中に分散させた。つまり、人類が単一言語、一極集中のeffortless communication（楽なコミュニケーション）のパラダイスから追放され、現在あるような多言語・多地域・多文化の世界が生まれた。以上が、「バベルの塔の物語」である。

今日、私はこの「バベルの塔の物語」の現代版を提示してみたいと考えている。周知の通り、現在、ＧＡＦＡ（グーグル、アップル、フェイスブック、アマゾン）とMicrosoftを中心とする、巨大アメリカＩＴ企業に支配されるデジタル情報社会が地球を覆いつつある。

この状況下で、アメリカはデジタル情報社会の将来における覇権の維持を目指し、"Keep America Great"のスローガンを掲げ、安全保障上の懸念を理由に、アメリカと同盟国からの中国ＩＴ企業の排除と、サプライチェーンの分断を図っている。この、ハイテク覇権をめぐるいわゆる「ハイテク戦争」は、Ｇ20大阪サミットにおける米中首脳会談を通じて、一時休戦中のようにも見える。しかし、通信機器大手であるファーウェイ（華為技術）の事実上の輸出禁止規制、ＺＴＥ（中興通訊）のアメリカ国内販売禁止などで煮え湯を飲まされた中国は、決して一時休戦が長く続くと楽観視はしていないと思われる。中国は逆に、ハイテク戦争をめぐる危機感をバネに、アメリカに頼らない独自のハイテクのエコシステム構築を目指し、国の命運をかけて取り組むだろう。一〇年単位で見れば、実際にそれを実現する能力があると言える。

実際に、トヨタはアメリカで開発された自動運転技術を中国でそのまま転用することが難しくなると見越し、中国でバイドゥ（百度）を中心に進められている自動運転の開発連合である「アポロ計画」に参画することを決めている。より一般的には、将来、マルチプラットフォーム・多地域・多文化の分散型ないし多極的な情報社会に発展する可能性が大きいと考えられるのである。

空間障壁・多言語・マルチプラットフォームの効果

そこで私が問題としたいのは、「バベルの塔の物語」のように、単一言語・一極集中の effortless communication のパラダイスからの追放で生まれた多言語・多地域・多文化の世界と、アメリカの「自分の足をピストルで撃つ」ような政策によって生まれたマルチプラットフォーム・多地域・多文化の分散型情報社会は、本当に罰だったのか、それとも罰に見せかけての天恵であったのか、ということである。

「物の生産と交易の世界」にとって、広い意味の輸送費がゼロの世界が理想であることに反対する人はいないだろう。しかし、同じことが知識創造の世界においても言えるだろうか。つまり、知識の創造と長期的な増進にとって、空間障壁のない単一言語の、effortless communication の世界が理想なのだろうか。

確かに、空間障壁・多言語・マルチプラットフォームが、コミュニケーションの障壁となるのは否定できない。一方で、空間障壁・多言語・マルチプラットフォームがあるおかげで、初めて、各地域にユニークな知識の蓄積と多様な文化の促進が可能となる。両者の功罪を合わせてみると、空間障壁・多言語・マルチプラットフォームの存在は、長期的な知識の増進にとって、大きな正の効果が期待できると考えられる。

知識創造社会の数学モデル

この問題をより詳しく検討するために、私は、アメリカ・セントルイスのワシントン大学で数理経済学を専門とするマーカス・バリアント教授と共同で、知識創造社会の動学モデルを開発した。教授は、私の非常に親しい友人の一人であり、日本、特に関西が大好きで、たびたび京都にも訪れる人物である。

バリアント教授との共同論文では、知識創造のプロセスをスクエア・ダンスとしてモデル化した。スクエア・ダンスとは、アメリカの西部開拓時代に非常に人気のあったグループダンスである。西部開拓時代、幌馬車に乗って、東部から西部を目指して長い旅をする途

図表3-9　スクエア・ダンスの組み合わせ例

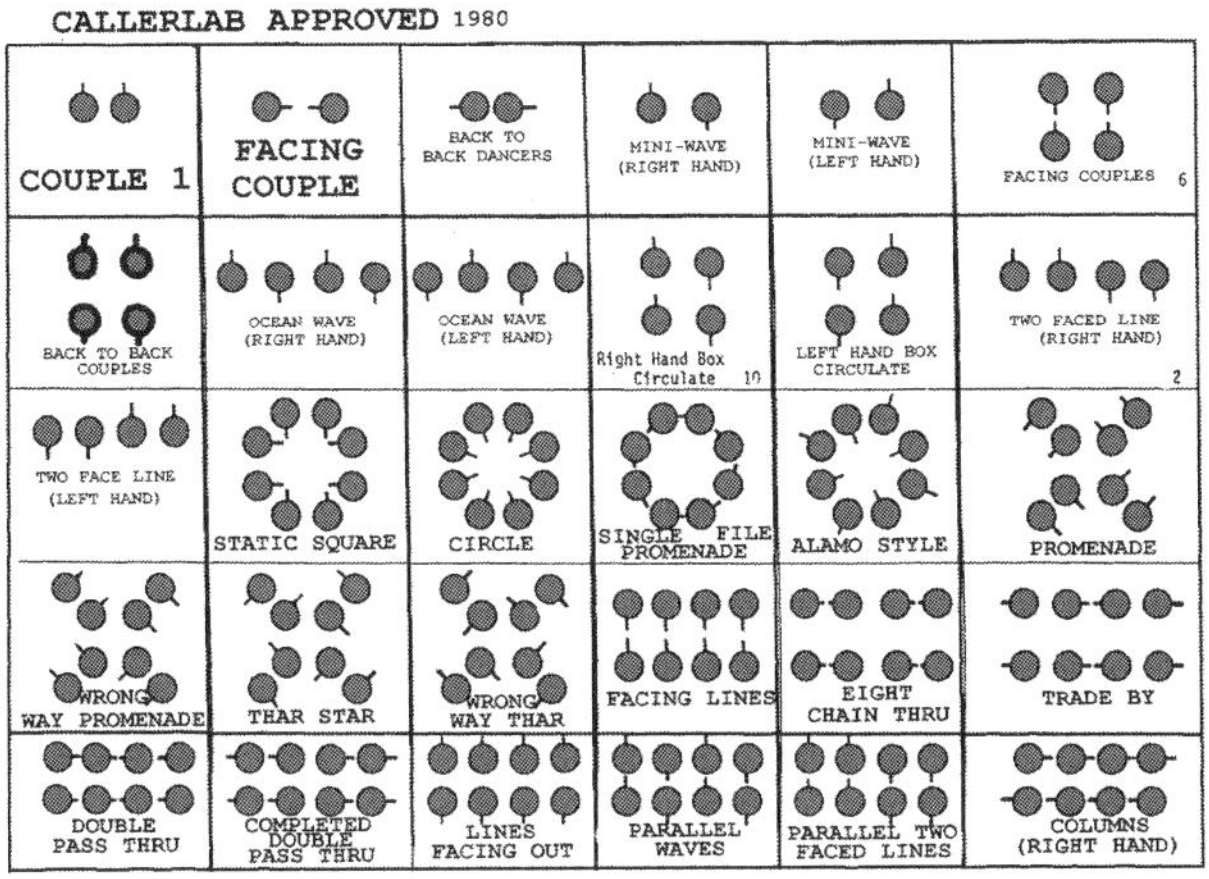

（出所）http://www.penrod-sq-dancing.com/fasr1.html

スクエア・ダンス
（©John Crawford-Fraser/ゲッティイメージズ）

中、夜になると、キャンプファイアーを囲んでダンスを楽しむ習慣があった。二人一組で踊りながら、次々にパートナーを入れ替えるグループダンスである。グループは八人が基本であり、八人の組み合わせの型には多様なものがある。図表3－9に示したのは、ごく一部の組み合わせの例である。

このスクエア・ダンスは、我々経済学者が、パートナーを次々に取り替えながら共同研究を進めていく様子に似ていることから、その様子を一般化し、知識創造社会の数学モデルを作り、分析を行った。

多様性と文化の二地域モデル

ここでは、二つの地域の単純化したモデルについて解説することにしたい。今、世界がAとBという二つの対照的な二つの地域よりなっているものと仮定しよう。地域Aは日本で、地域Bはアメリカだとする（図表3－10）。

地域Aの内部では全員が同じ言葉を話し、K－交流が非常に密に行われる。KはKnowledge（ナレッジ）を表し、K－交流は知識創造のための交流を意味する。地域Bの内部でも

図表3-10　文化と多様性の二地域モデル

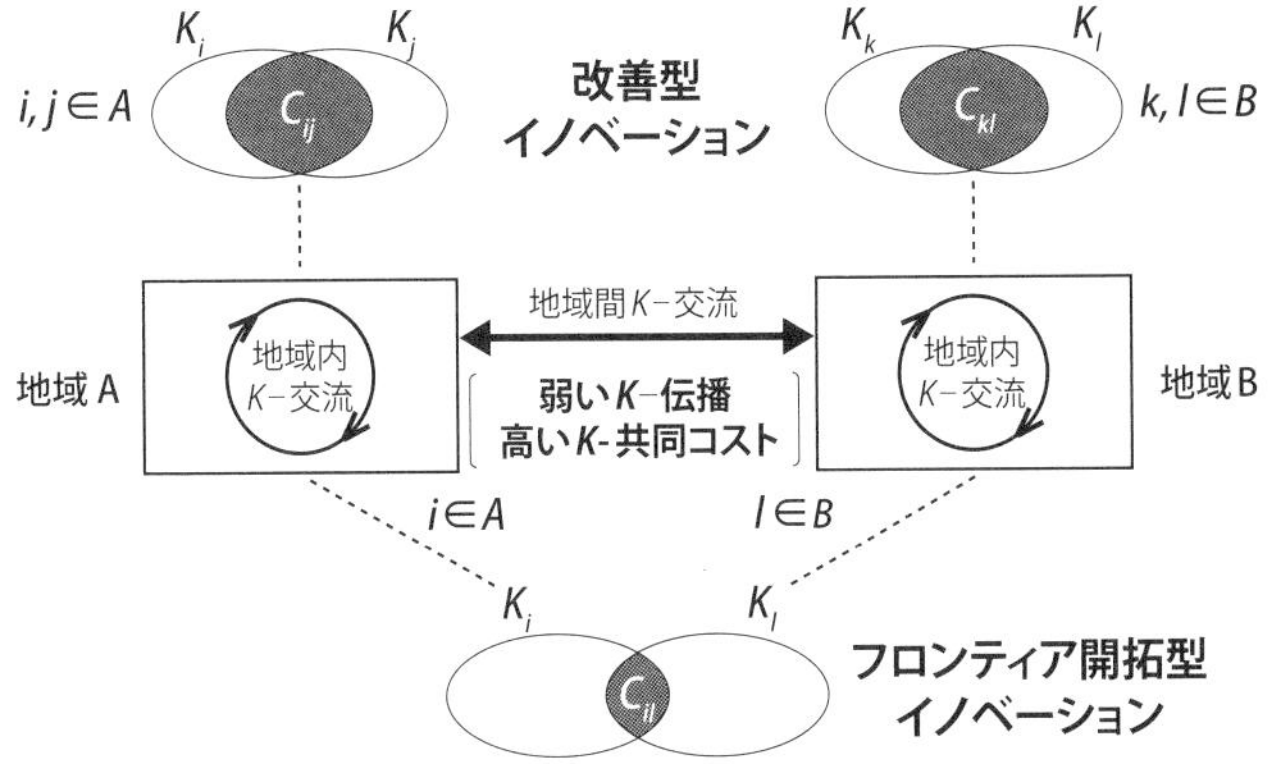

同様に、地域内のK-交流が非常に密に行われている。

一方、地域Aと地域Bの間における地域間のK-交流に目を向けると、互いに異なる言語を用い、空間的な距離もあるため、地域内と比較すると知識や情報の伝播は格段に弱い。異なる地域に住む二人が地域間で知識創造の共同作業を行おうとすると、移動に時間やコストがかかるため、そう簡単に取り組むことはできない。

したがって、たとえば地域Aからiとjという二人の代表を取ると、二人の間の共通知識は非常に大きくなる。地域Bのkとl二人についても同様のことが言える。一方、地域Aからはi、地域Bからはlを、それぞれ代表に取ると、二人の間の共通知識は相対的に非常に小さい。

以上を踏まえると、それぞれの地域内では、共有知識が大きい場合にうまくいく改善型のイノベーションを、地域間では固有の知識や独自の考え方を持った人々が集まって初めて可能となるようなフロンティア開拓型のイノベーションを主として行えばよいということになる。

つまり、空間ないし言語の障壁のある二地域が存在することにより、それぞれの地域には、固有の知識が蓄積し、固有の文化が形成される。その結果、地域間の知識創造活動において「いいとこどり」をすることが可能になっているというわけだ。

二地域モデルの「バベルの塔」の物語への適用

以上の知識創造における二地域モデルを、「バベルの塔の物語」へ適用して考えてみよう。

まず、人々が追放される前のOriginal Paradiseでは、すべての人間が同一地域に住み、同一の言葉で話している。しかし、全体として共通知識の肥大化が起こり、知識創造における生産性は低くなっている。ところが高慢になった人々は、神に挑戦して、天に届くバベルの塔を作り始めた。そこで、怒った神は、人々をパラダイスから追放して、人々は半分ずつ、二地域に、異なる言語とともに分散させられ、New Edenに住むことになった。その結果、各地域に固有な知識が蓄積し、文化の誕生が促された。

前述したように、人々は地域内では主として改善型の知識創造活動を行い、地域間では主としてフロンティア開拓型のイノベーション活動を行うことになる。つまり、異なる文化を持つ二地域があることで、各地域内及び地域間における知の多様性は加速する。結果として、人類全体としての知識の増加率は増大することになる。

この数学モデルで、一つの重要なパラメータはτである。地域間における知の共同作業の容易さを表すパラメータで、0から1の間の値を取る。τの値が0の場合、地域間の知の共同が不可能であり、それぞれの地域は孤立したままである。反対に、τの値が1の場合、地域間の知の共同は地域内と同様に行われ、地域に固有の文化は生まれず、二つの地域に分けた意味がなくなる。

τが適当な中間の値、たとえば$\tau=0.6$の場合、パラダイスから追放された後の知識の増加率は、もとのパラダイスにおける知識の増加率の約三倍（二・九七倍）に増大するという結果が出た。

以上をもう一度整理すると、人類が単一地域・単一言語のパラダイスから追放され、多地域・多言語の世界に住むようになったこと。また、GAFAとMicrosoftに支配される一極集中のデジタル社会から、ハイテク戦争を通じてマルチプラットフォーム・多地域・多文化の分散型情報社会へ生まれ変わろうとしていること。いずれも、「本当に罰だったのか、それとも罰に見せかけての天恵であったのか？」を問うならば、我々の数学モデルによる分析の結果は、「それはきっと、罰に見せかけての天恵だったに違いない」という結論になる。

文化の多様性と創造における一つの例示

ここで、文化の多様性が創造的な力をもたらす事例として、一つの記事を紹介することにしたい。記事は、私がJAL（日本航空）の航空機で移動した際、『SKYWARD』という機内誌に掲載されているのを目にしたものである。世界的に著名な女流作家である多和田葉子氏のインタビューをまとめたものである。

多和田氏は、日本とドイツの両国で活躍する作家であり、東京生まれながらドイツ在住

多和田葉子氏
（©読売新聞/アフロ）

歴は二六年を数える。日本では、芥川賞、谷崎潤一郎賞、野間文芸賞を、ドイツではゲーテメダル賞、レッシング奨励賞、クライスト賞を、二〇一八年には全米図書賞も受賞している。記事の中から、Q&Aを以下に二つだけ紹介する。

Q：日本の伝統はお仕事に役に立っていますか？

A：日本の伝統については、もちろんよく知っています。しかし、日本に居る時は、それは近過ぎて何の興味も湧きませんでした。

Q：ドイツに長くいて、日本の伝統を失う心配はないですか？

A：逆です。日本に居た時は、日本の伝統について、考えたことはありませんでした。しかし、ヨーロッパに居て、たとえば、「能」の素晴らしさに気づきました。ヨーロッパと日本の文化の違いが私を創造的にしてくれます。

地域間の知識創造活動を象徴する、素晴らしい言葉ではないだろうか。

「中国の夢」と「一帯一路」

ここで話題を転じて、「中国の夢」と「一帯一路構想」について取り上げてみたい。「中国の夢」は、習近平国家主席が掲げる政治スローガンであり、三つの夢からなっている。

一つ目：「興国の夢」――中華人民共和国建国一〇〇周年の二〇四九年までに、経済や科学技術などの総合国力でアメリカを超え、中華民族の偉大な復興をなし遂げる。

二つ目：「強軍の夢」――米軍を上回る世界最強の一流の軍隊を作る。

三つ目：「統一の夢」――台湾問題を解決して、国家統一を完成する。

そのための中核となる戦略の一つが、シルクロード経済圏構想「一帯一路」であり、それ

2017年5月、北京で開催された「一帯一路フォーラム」
（©新華社/アフロ）

を支えるのがＡＩＩＢ（アジアインフラ投資銀行）である。

習近平国家主席は、二〇一三年九月、カザフスタンにおいて「シルクロード経済ベルト構想」を、二〇一四年一〇月、インドネシアにおいて「二一世紀海上シルクロード構想」を発表した。二〇一七年五月、北京において「一帯一路フォーラム」が開催され、アメリカと日本を含む一三〇か国を超える政府の代表団が参加している。

第二回フォーラムは、二〇一九年四月に同じく北京で開催され、アメリカを除く一五〇か国を超える政府の代表団が参加した。ちなみに、現在、国連の参加国は一九三か国であり、一五〇か国が第二回フォーラムに参加したということは、中国主導の「一帯一路構想」に、いかに世界が関心を寄せているかがうかがえよう。

当初、「一帯一路構想」に消極的だった日本も、二〇一八年一〇月の安倍首相の中国公式訪問では構想の実現に協力を表明し、日中連携による第三国市場でのインフラ投資を共同展開するための五二件の協力文書に署名が行われた。

究極の交通・運輸・情報インフラプロジェクト

図表3-11は、一帯一路構想の大まかなスケルトン（骨組み）の概念図である。構想が最初に提起されてから、まだ六年近くしか経過しておらず、実際の計画は何なのか、いつごろ何が実現されるのかは、中国も含めて明確に理解しているとは言いがたい状況である。しかし、いずれにせよ、ユーラシア大陸・ヨーロッパ・アフリカを海と陸路で結ぶ、巨大かつ究極の交通インフラプロジェクトの構想であることは間違いない。

たとえば、「一帯一路構想」の中で最もシンボリックな事業が、中国とヨーロッパを結ぶ二本の鉄道（実際は三本）による、定期運航の国際鉄道コンテナ貨物列車である。それぞれの鉄道は、全長約一万二〇〇〇キロ近くある。コンテナ貨物列車は、「一帯一路構想」が発表される前の二〇一一年にすでに定期運行されていたが、「一帯一路構想」が発表されて以来、運行実績は毎年倍増しており、二〇一八年には、中国-ヨーロッパの両方向を合わせて

図表3-11　一帯一路構想の概念図

究極の交通・運輸・情報インフラプロジェクト

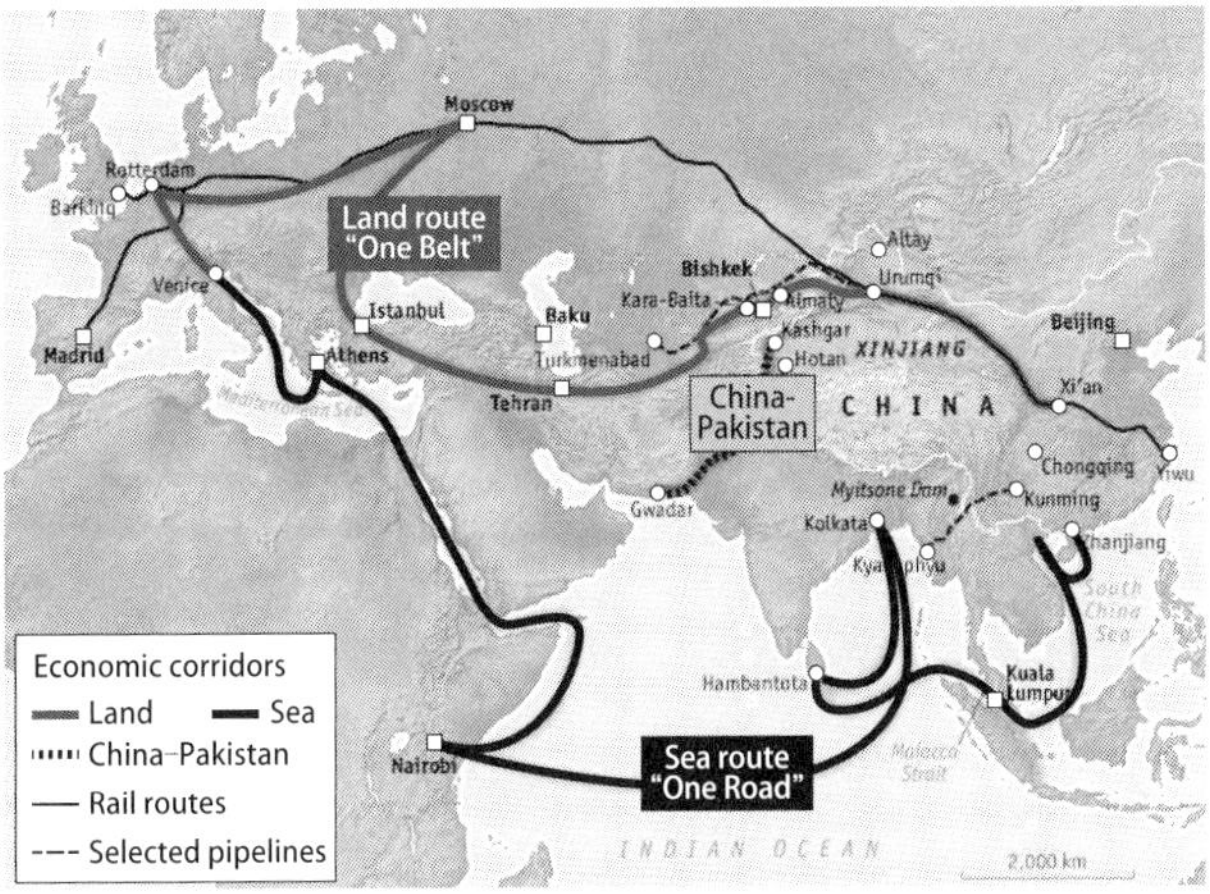

（出所）Digital Silk Road Project: Project Cargo Network, *The Economist*

年間五〇〇〇本を超える貨物列車、つまり毎日平均一四本程度の貨物列車が定期運行されている。

　現在、重慶-ドイツ間を約一六日間で運行しているが、それは、鉄道軌道幅の違いで、途中二回の積み替え作業を要するためである。一六日は、コンテナ船で要する日数の約半分であり、将来的にさらなる改善が期待されている。また、毎日の定期運行は、週平均一回のコンテナ貨物船に比べ、コンテナ鉄道の強みにほかならない。

　もっとも、中国の長い歴史において、「一帯一路構想」は特別に巨大なプロジェクトとは捉えられていないかもしれない。たとえば、今から約二二〇〇年前に秦の始皇帝によって構想された六〇〇〇キロにも及ぶ「万里の長城」、また、一四〇〇年前に隋の煬帝《ようだい》により建設が始まった、北京と杭州を結ぶ長さ三〇〇〇キロ、幅九〇メートルの大運河の建設に比べて、現在の建設能力を考慮すると、「一帯一路構想」は特別に巨大なプロジェクトにはあたらないとも言える。

ただし、「万里の長城」も北京と杭州を結ぶ「大運河」も、中国の国内における建設プロジェクトであったのに対して、「一帯一路構想」には沿線の六四か国が直接に関わっている。したがって「一帯一路」は国際公共財の構築を目指しており、その実現のためには、沿線すべての国々がｗｉｎ－ｗｉｎの関係になりうる国際協調の構築が不可欠だろう。

「一帯一路構想」に期待されること

中国主導の「一帯一路構想」のうち、特に海のシルクロードの現代版である「一路」に対して、日本は「自由で開かれたインド太平洋構想」を主導している。私は、両者が競い合いながら、協力できるところは協力し、全体として質の高い国際公共財としてのインフラの構築を実現すればよいと期待している。

特に「一帯一路構想」について期待しているのは、大陸ベースと海洋ベースの均衡した発展に貢献することである。先に提示した地球の夜の写真では、輝いている地域に注目したが、今度は輝いていない、真っ暗な地域に注目してみよう。最も暗いのは南米のアマゾン、アフリカ内陸部、ユーラシア大陸の内陸部であることに気づく。

今日、注目したいのは、ユーラシア大陸の内陸部である。この地域は、四〇〇〇年にわたる人類の文明において、実は今から八〇〇年近く前のシルクロードの時代の終わりまでは、最も輝く地域であった。しかし、一四世紀以来、大型の帆船と航海技術の飛躍的な発達により、内陸部を中心とする文明から、海運中心の文明へと大きな転換が起きた。

その結果、ユーラシア大陸の内陸部は、その後の文明の発展から取り残され、現在では世界の経済成長から取り残され、内紛の最も多い地域となっている。

たとえば、古代のシルクロードの東の出発点であった西安、さらに内陸部の新疆《しんきょう》ウイグル自治区のウルムチから農産物や工業製品を海外に輸出しようとすると、まず鉄道や道路で上海まで運ぶ必要があるため、大変なハンディを抱えていた。

しかし、現在は国際コンテナ貨物列車を使い、西安やウルムチから直接ヨーロッパへ輸出することが可能となっている。この意味において、「一帯一路構想」は古代のシルクロードのルネッサンスを目指すものと解釈できるだろう。

古代の「シルクロード」から何を学ぶか

しかし、今の中国では、古代のシルクロードのルネッサンスの実現は、非常に難しいと言わざるを得ない。その理由を理解するために、まず、古代のシルクロードがどのようなものであったのかを見てみよう。

図表3-12は、七世紀から九世紀の、古代シルクロードが最も繁栄した時代における、中央アジアを中心とする世界文明の地理を表したものである。中心に位置する中央アジアを取り巻く形で、ヨーロッパから反時計回りに、中東、南アジア、東南アジア、東アジア、北部ユーラシアの、六つの異なった文化圏が栄えていた。

当時、世界最大の約一〇〇万人の人口を持つ都市は、東アジアの中国・長安、中東のペルシャ・バグダッドの二つであった。約一万キロ離れた、この二つの都市を結んでいたのが、中央アジアを横貫するシルクロードである。シルクロードと言えば、砂漠のオアシスをつ

図表3-12　7〜9世紀におけるユーラシア大陸

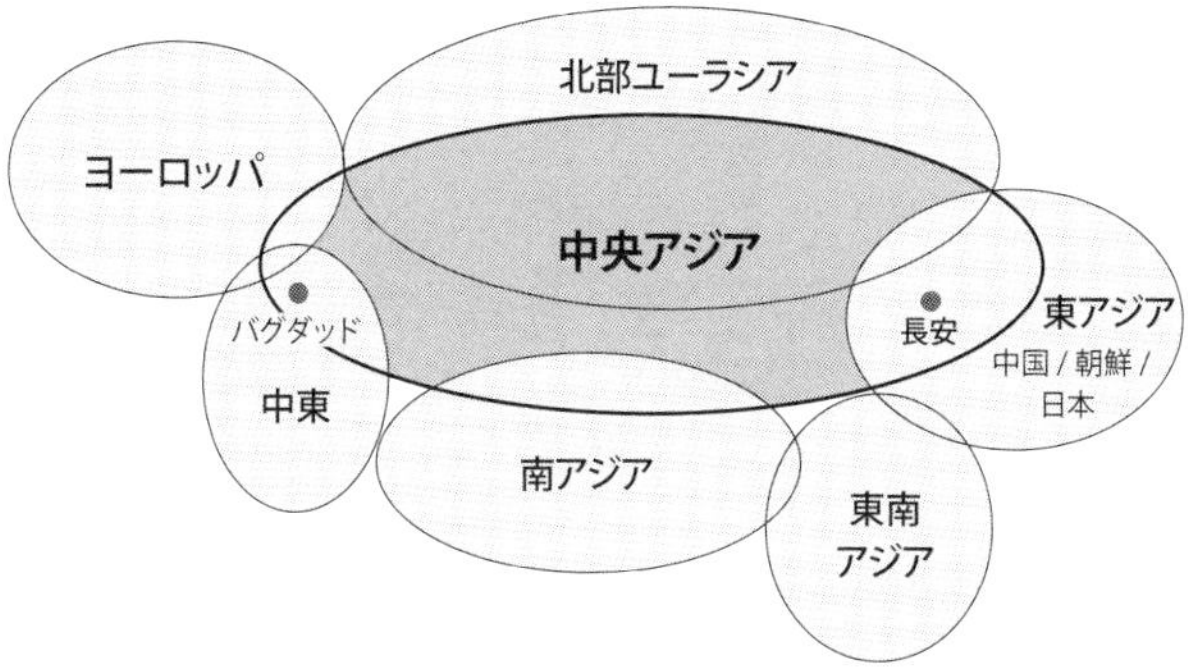

なぐラクダの商隊（キャラバン）の通り道として認識する向きもあろうが、プリンストン大学のクリストファー・ベックウィズ教授による新たな見解が提示されている。

それによると、中央ユーラシアのシルクロードは、中央アジア及び周辺六つの文化圏を結ぶ交易システムであったと同時に、それ自体が独自の大陸型の経済システムを持ち、独自の文化複合体でもあった。つまり、シルクロード全体として独自の文化圏をなし、周辺六つの異なった文化圏を橋渡ししつつ、世界文明の発展に中心的な役割を果たしたことが示されているのである。

ベックウィズ教授が二〇〇九年に出版した *Empires of the Silk Road*（『ユーラシア帝国の興亡』

図表3‒13　古代のシルクロードと海のシルクロード

ちくま書房、二〇一七年）には、たとえば、シルクロード沿線の王国の一つであるテュルクと唐の間で、年間二万頭以上の馬と百万反以上の生糸が取引されたことが記されている。

いずれにせよ、重要な点は、シルクロードが最も繁栄していた七～九世紀において、世界文明全体は、東に長安を首都とする唐と、西にイスラム圏の中心であったバグダッドを首都とするササン朝ペルシャの、二つの覇権王国を双極とする、楕円の形をなしていたということである。

図表3－13に描かれているように、「古代のシルクロード」と「海のシルクロード」は、西のバグダッドと東の長安を楕円の双極とする世界文明において、中央アジアとそれを取

り巻く六つの文化圏の間の相互交易と、仏教、イスラム教やヒンズー教を含む知識・技術・文化の交流において中心的な役割を果たした。これは、あたかも前述した「バベルの塔の物語」で、単一言語、一極集中のパラダイスから追放された後の、多言語・多地域・多文化の非常に多様性に富む世界を表している。

九世紀における唐の長安と空海

当時の東の覇権国家であった唐の首都・長安は、人口一〇〇万人の真に開かれた国際都市であった。双極のバグダッドについても同じことが言える。

日中共同製作映画『空海』（二〇一八年）は、遣唐使の一人として長安に派遣された空海と、当時最も有名な唐の詩人である白楽天との交友を中心に物語が展開される。当時の長安には、平均して毎日一つの商隊がシルクロードを経て到着し、西側のあらゆる貴重な商品を運んで来たとされている。一つの商隊は、約三〇〇頭のフタコブラクダからなっており、現在で言えば、毎日、数万トンクラスのコンテナ船が貴重な商品を運んで来たことに相当するだろう。

図表3-14　遣唐使の移動ルート（7～9世紀）

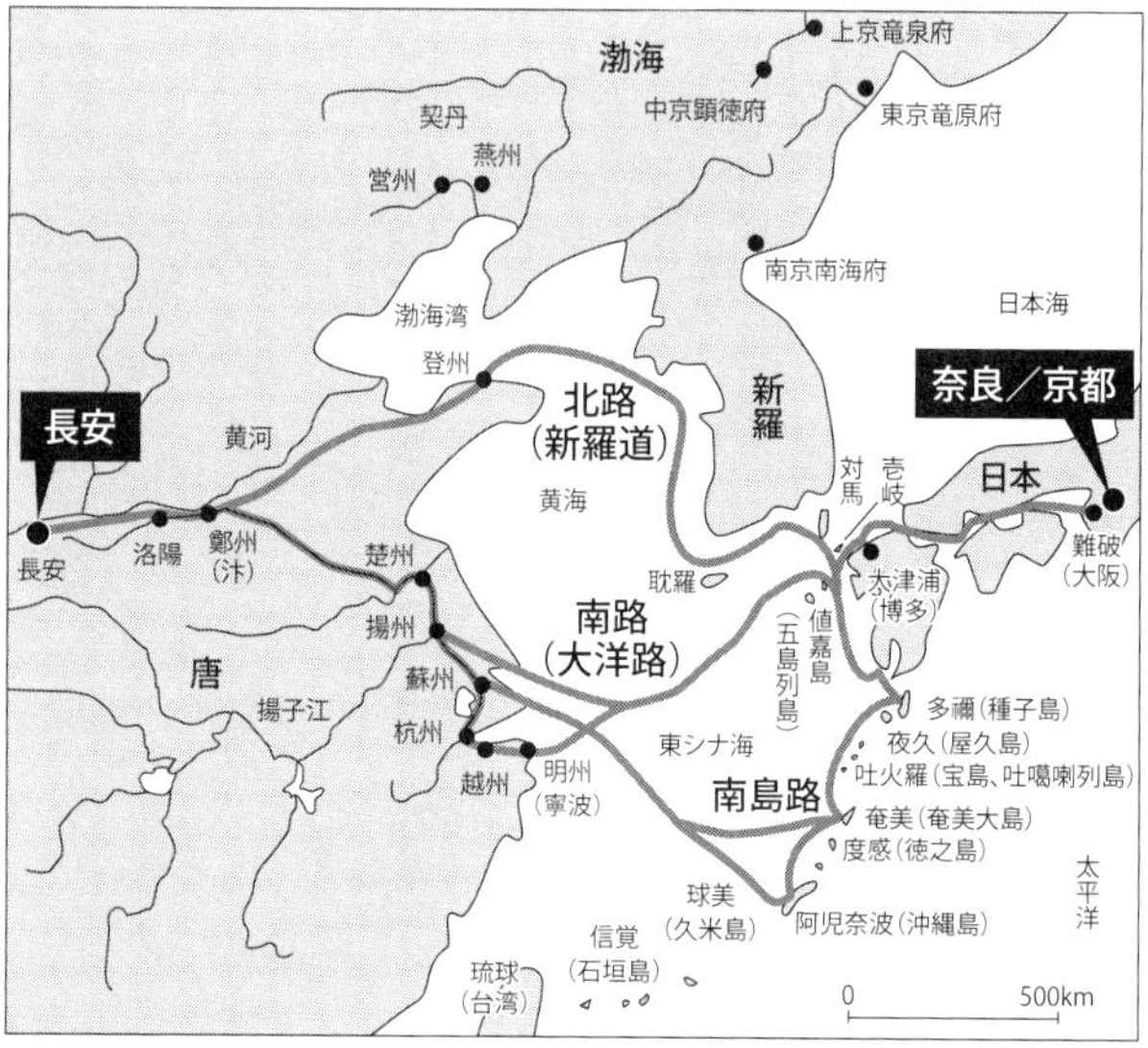

当時の長安には、世界中のあらゆる人種の人たちが住み、仏教、密教、イスラム教、キリスト教、ヒンズー教、ゾロアスター教、道教、儒教といったあらゆる宗教が奨励され、世界中のあらゆるファッション、特にペルシャのファッションが流行したという。つまり、長安は、少し前までのアメリカのニューヨークのように、世界の文化、人類のるつぼとして、あらゆる多様性を取り込み、融合させつつ、世界中から人々をひきつける魅力を持っていたということ

だ。

日本からも、先ほど空海の名を挙げたように、七世紀から九世紀にかけて定期的に遣唐使が長安に派遣され、選ばれた遣唐使は、文字通り命をかけて海を渡り、学ぼうとした（図表3－14）。つまり、当時の東の覇権国家であった唐は、現在の中国が掲げる三つの夢（「興国の夢」「強軍の夢」「統一の夢」）を実現していたのみならず、三つの夢を超えた文明としての魅力、ソフトパワーを備えていたということである。

これは、現在のアメリカについても同じことが当てはまる。トランプ大統領がしばしば公言する“Keep America Great”を実現できるかどうかは、世界中から命をかけてアメリカに移民し、学びに来るだけの文明としての魅力、ソフトパワーをアメリカが持ち続け、あらゆる多様性を取り込み、融合させ、発展させることができるかどうかにかかっている。

正倉院の宝物と日本の役割

最後に、日本について言及しておこう。

日本は、シルクロードと海のシルクロードを通じて、七世紀から八世紀におけるユーラ

正倉院
(©HISASHI KAMAGATA/SEBUN PHOTO/amanaimages)

シア中の文化と知識を吸収した。正倉院には、世界中から集めた九〇〇〇を超える当時の貴重な宝物が収められている。私が感心するのは、それだけ膨大な数の宝物を集めたということだけでなく、一三〇〇年の時を越えて、それを保存し続けてきたことである。たとえば、宝物の一つにインドを起源として唐で制作された五弦の琵琶がある。この五弦の琵琶のオリジナルは、今、世界中にこの一つしか残されていない。

私は、日本は覇権国家になれないし、なる必要もないと考えている。ただ、このように、世界中から優れた文化と知識を真摯に学び、日本独自の文化と融合させつつ発展させていくという、文明国家としてのこれまでの役割を、今後も真摯に続けていけばよいのではないだろうか。
本講演を、二〇一七年一月一〇日の、オバマ前アメリカ大統領の退任演説の最後の言葉を借りて、終わりとしたい。

United in Diversity, Yes, we can!

第Ⅱ部

討　論

パネル・ディスカッション

パネリスト　松尾　剛彦
　　　　　　石川　城太
　　　　　　藤田　昌久
　　　　　　溝端佐登史
司会　服部　崇

服部（司会）　最初の講演では松尾前審議官から、現下の国際貿易上の課題とG20大阪サミットでの議論について具体的な紹介がありました。米中貿易摩擦の下で、日本は今後の国際経済秩序をどのように変革しようとしているのか。日本はどのような立ち位置を目指すのか。この点についてまずお話を伺いたい。

新しい貿易のガバナンス

松尾　講演でも申し上げたように、米中貿易摩擦を二国間だけの問題と他人事のように考えることは適当ではないと思います。現在はアメリカと中国で揉めていますが、次はアメリカと日本、あるいは中国と日本の間で貿易摩擦が発生するかもしれない。そう考えると、やはり公平で透明性のあるルールで解決することが必要になります。

その場合、WTO（世界貿易機関）の現状の仕組みでは限界があるのも事実です。中国を含む新興国と先進国との間でどのような役割分担をしていくのか。新興国も加えた形で、新しい貿易のガバナンスを作り上げていくことが重要です。

G20大阪サミットでの日本の役割は、ある国に行って提案を行い、今度は別の国へ行って、「これで折り合いをつけたらどうですか」と説得する。このように意見が異なる各国の間の「つなぎ」をするのがまさに日本の役割でした。

講演では偉そうに言いましたが、私のレベルではとてもそうした大役は務まりません。世耕弘成経済産業大臣がアメリカのロバート・ライトハイザーUSTR代表に直接話をして、「ここは何とかこれでやらせてくれ」と説得する。その後も大臣や次官級の幹部がEUに行って、

「日本は多くの国々と率直に話ができます。こうしたポジションを積極的に生かして『難しい人たち』の合意形成を促していく。これが日本の役割ではないかと考えています」——松尾剛彦

「アメリカもここまで妥協しているのだから、ＥＵもそろそろ了承していいのではないか」と言う。アメリカとＥＵの了承を得た後で、今度は中国の所へ出向く。このようにして、次第に合意を形成してきたのが実態です。

産業補助金に関するルール作りについても、一部に反対している国があるのは事実です。しかし鉄鋼産業で生じた過剰生産能力は、巨額の補助金の結果ではないか、といった見方も示されています。過剰生産能力とは無駄な能力であり、これは撤廃するしかない。

仮にこの分析が正しいとすれば、産業補助金が市場メカニズムに基づかない不適切な形で支出されないようなルールは、中国のような国にとっても役に立つはずです。

日本は多くの国々と率直に話ができます。これが、今日なかなか稀有なポジションのように見えます。こうしたポジションを積極的に生かして「難しい人たち」の合意形成を促していく。これが日本の役割ではないかと考えています。

理論が追いつかない

服部（司会） 石川先生のお話（講演２）では、伝統的な経済理論を踏まえた自由貿易論の説明があり、現実にはその前提がなかなか成立していないという指摘がありました。規模の経済が働く世界での経済理論や、デジタル化が進展する中で新しい経済理論の構築が求められていることがよく理解できました。その一方で米中貿易摩擦に見られるように、世界では重商主義的な動きや考え方が広まっています。国際経済学の観点からは、どう対応していけばよいのでしょうか。

石川　米中貿易摩擦に見られるようにトランプ米大統領は二国間の貿易収支の不均衡を問題視していますが、なぜ二国間で貿易収支が均衡しなければならないのか。二国間での貿易収支の不均衡を問題視することがほとんどナンセンスなことは、大学の経済学の授業で扱うレベルの話です。トランプ大統領の周辺には立派な経済学者がそろっているのに、「暴走」を止めることができないのは残念です。

またデジタルエコノミーがとても大事だということは人々の間に浸透してきましたが、それに対応するきちんとした経済理論の構築はあまり進んでいません。『情報通信白書』やリチャード・ボールドウィンの著書『世界経済　大いなる収斂』などでは、デジタル革命やグローバル化によって世界はこんな風に変わってきた、あるいは変わりそうだという事例が多数紹介されています。そうしたデジタル化やGAFAのようなIT大手企業の動きを、実際に理論の中にどのように取り込んでいくかは、これからの課題と言えるでしょう。

もう一つ強調しておきたいのは、次の点です。トランプ大統領は鉄鋼やアルミの輸入製品に関税をかけて国内産業の保護に舵を切りましたが、これで関連産業の労働者や資本家すべてが得をすると安易に考えるのは、要注意です。

経済政策の効果を分析する場合、短期と長期で分けて考察することが重要です。短期的には確かに鉄鋼業に関わっている人たちは得をするかもしれません。しか

「デジタル化やGAFAのようなIT大手企業の動きを、実際に理論の中にどのように取り込んでいくかは、これからの課題と言えるでしょう」——石川城太

し、長期的には損をすることも考えられます。保護措置で鉄鋼業が潤えば、他産業から資本家や労働者が流入して競争が激化し、企業収益や賃金水準が低下する可能性があるからです。こうした経済学の知見をきちんと理解しておかないと間違った判断をする恐れがあります。

文明の進歩には「楕円」が最適

服部（司会）　藤田先生からはグローバル化の下での多様性の重要性と、古代のシルクロードから学ぶという興味深いお話がありました。二一世紀は新しいアジアの世紀だと言われています。アジアの世紀と言うよりは、中国の世紀になるのではないかと思ったりします。中国と欧米では価値観や制度に大きな開きがあります。国家システムの違いを認め合いながら真の意味で交流することが本当に可能なのか。多様性を踏まえた国家間の対話が成立していくのだろうか。この点についてお聞きします。

藤田　米中貿易摩擦やG20大阪サミットに見られるように太平洋の波のうねりは高まる一

方です。その中で、日本の存在価値はますます大きくなっています。少し通俗的になりますが、日本には和魂洋才、和魂漢才といった言葉があります。日本人は「洋」と「漢」の両方の文化を理解することができます。中国とアメリカが直接対話するのが難しい場合には、日本が米中双方の間を取り持つことはできるはずです。

これからはアジアの世紀ではなくて中国の世紀ではないかとの話がありました。私はどちらでもないと思っています。アジアには中国のほかに日本、韓国、インド、そしてASEAN諸国など多くの国が存在しています。しかもアジア全体で覇権を持つわけではありません。アジアの中で中国が一番大きな影響力を持つことができても、それをもって中国の世紀というには疑問があります。

中国の現在の人口は一四億人、世界の総人口の約六分の一です。中国の人口の増加も二〇一九年か二〇二〇年にピークを迎え、それ以降は減少傾向をたどる見込みです。高齢化も急速に進みます。一人当たりの所得はアメリカや日本の水準に比べ遠く及びません。中国はこれまでのような急速な経済発展を今後も続けることはできないでしょう。

今後も中国が発展を続けていくには、広い意味でのイノベーション社会、知識情報社会、多様性のある社会を作り上げて、その中で経済全体のレベル・アップを図っていくことが必要です。

中国ではこれまで一四億人の国民を六％足らずの共産党員が支配してきました。これだけ多くの人間を一握りの支配層が一つにまとめ、同じ方向に経済を発展させるのは大変なことです。

これを可能にするには「皇帝」が必要だと思います。皇帝の制度は秦の始皇帝から始まりましたが、近代に入ってからの毛沢東や鄧小平もやはり「皇帝」でした。現在の習近平国家主席も同じです。特定の個人に強大な権力を集中させる皇帝の存在なしに、中国という国をきちんと治めていくことはできないのでしょう。そうしたお国柄の中で、多様性を受け入れ、多様性を生かしながら発展することは非常に難しい。香港やウイグルの問題を見ればすぐにわかります。

文明としての輝きを再び取り戻すためには、国のシステムが少しずつ変わっていくことが重要です。中国の国柄にあった知識情報社会や多様性社会を作り上げるには、どのような政治・経済システムへの改革が必要なのか。中国はそうした問題を一つひとつ克服しながら発展していくと思います。

講演の中でも触れましたが、文明の発展にとって、つまりグローバル化と多様性を促進するためには、七〜九世紀のシルクロードの「楕円形」が最適だと思っています。東の端には中国の唐を中心とする東アジア文化圏があり、西の端にはペルシャのイスラム圏がある。その間を、中央アジアの砂漠を行き来する商隊が媒介する形で、両方の文化が何十年も何百年もかかってゆっくり伝播していくのです。

イスラム圏と中華圏が直に対話しているわけではありません。第三者を仲介しながら融合し合っている。そうした仲介の役割を日本が担うことは非常に重要なことです。

文化の発展には楕円が優れている事例をもう一つ紹介しましょう。私は、江戸

「文明の発展にとって、つまりグローバル化と多様性を促進するためには、7〜9世紀のシルクロードの『楕円形』が最適だと思っています」——藤田昌久

時代の日本の文化は非常に高度な発展を遂げたと思っています。江戸時代の文化の中心は江戸と関西でした。関西は京都、大阪が中核になりました。江戸と関西ではまったく違った文化が生まれ、その間を参勤交代で大名やその家族、家臣たちが行き来する中で、多様性と創造性に富んだ日本文化が育まれたのです。

参勤交代で武士階級が砂漠の商隊のように東西を移動することで、江戸、京都、大阪の文化が、たとえば阿波（徳島）に移植される。阿波では地元の文化と都市の文化が融合して独自の新しい文化が生まれる。それが参勤交代によって再び江戸や大阪、京都に持ち込まれ、都市の文化を刺激するという循環システムが出来上がっていたのです。

文明の進歩には楕円が向いている気がします。

先進国は逆戻りできるのか

服部（司会） パネリストの講演やコメントを受けまして、溝端先生、発言をお願いします。

溝端 将来を展望した場合、先進国と新興国の立場が逆転するというのは、その通りだと思います。ただ、その場合先進国が思っていたように新興国が変わらなかったのも事実です。新興国にはいくつかの発展のモデルがありました。たとえば共産主義（社会主義）が崩壊して市場経済へ移行した国では、経済が豊かになれば、市場のルールがきちんと国民にも理解されて、「普通の国」になると皆が期待したはずです。特に先進国で支援の仕事にあたっていた人々は楽観的にそう思ったはずです。しかしいずれも期待はずれに終わってしまいました。

どの国にも固有の文化・歴史があります。市場経済に移行したからといって従来の制度や価値観がまるっきり変わってしまうわけではありません。

中国は市場に対して独自の考え方を持っています。ロシアにはロシア、東ヨーロッパには東ヨーロッパの考え方があります。先進国のルールが新興国にそのまま浸透するということはありません。それゆえ、欧米型の市場モデルをそのまま無理に導入すれば、いろいろな面で当該国で齟齬が出てきます。国民からも不満が出てきます。

私の友人のある中国研究者は、中国は制度そのものが曖昧であるゆえに市場経済化がうまくいっていたと語っています。新興国の市場経済移行が先進国の思い描いたようなものにならなかったのは、その意味では当然の結果だと言っていいのかもしれません。

藤田先生は人口一四億人の中国を一つにまとめるには皇帝が必要だと指摘されました。人口は多くはありませんが広大な領土をまとめ上げるという意味では、ひょっとしたらプーチンもロシアの皇帝なのかもしれません。曖昧な形で市場原理主義を導入した新興国では、引き続き安定化のために皇帝は欠かせないのかもしれませんね。

そうであれば、先進国、新興国など依然として国情が大きく異なる中で、WTO改革において統一のルールを作ることが果たして可能なのだろうか疑問に思います。

その上で、三人の先生方に質問があ

「どの国にも固有の文化があります。市場経済に移行したからといって従来の制度がまるっきり変わってしまうわけではありません。そうした中で、WTO改革で統一のルールを作ることが果たして可能なのだろうか」——溝端佐登史

ります。まず、松尾前審議官に質問です。

日本は米中の仲介役を果たすことが重要だという発言がありました。ただ産業政策を見た場合、日本はアメリカよりも中国に近いのではないでしょうか。日本の中にも、戦後を振り返って、太平洋戦争の荒廃から経済を復活させるために政府が産業補助金を出すことは不可欠だったと考える方は多いでしょう。他方で、アメリカやヨーロッパでは今でも農業に補助金を出しています。産業補助金が問題視されると、中国からこうした指摘を受けることは十分に考えられます。今後WTO改革で新たなルール作りをする時に、こうした議論は特に重要になってくるのではないでしょうか。

この点で、日本の代表としてG20大阪サミットで米中の仲介をされた印象はどうだったのでしょうか。

それから、石川先生にお聞きしたいことがあります。何よりも変動する国際経済に対して、新しい経済理論は存在するのでしょうか。

確かに世界はボールドウィンが指摘したアンバンドリングのような形でグローバル化してきましたが、それを逆回転させる、つまり過去に引き返すことは可能でしょうか。先進国も発展途上国もグローバル化や自由貿易のおかげで成長しておきながら、少し自分の都合が悪くなったからといって急に国を閉ざすことができるのかという問いです。もしグローバル化以前に戻れないとすれば、そうした保護主義的な動きをアンバンドリングの流れの中でどのように捉えればいいのでしょうか。

もっと大胆な言い方をすれば、自由貿易自体はある意味で政治的な産物です。イギリスを代表とする先進国は一八世紀の産業革命以降、自らの都合で積極的に自由貿易を進めてきました。そのゲームのルールがここに至って都合が悪くなったので何とかしたいと言っても、新興国や発展途上国はすんなりと聞き入れてくれるのか大いに疑問なわけです。

最後に、藤田先生は講演の中で、スクエア・ダンスの話をされました。これはアメリカの西部開拓時代に人々の間で人気のあったグループダンスです。二人一組で踊りながら次々にパートナーを入れ替えていくダンスです。このスクエア・ダンスが、知識創造社会の動学モデルの参考になったということでした。また「三人寄れば文殊の智慧」「三年寄ればただの智慧」という含蓄のあるご指摘もありました。

ここでのポイントは、多彩な人々がどのような理由で「寄る」のか、共同作業を行うのかです。共同作業がなければ、集合体が二つただ存在しているだけで、知識や富は創造されません。共同の誘因についてお考えがあればお聞かせください。

中国とどうつき合うか

松尾　中国に対して「あなた方は新興国といっても世界第二位の経済大国に発展したのだから、もっと大きな責任を担ってほしい」と言うと、必ず「いや、私たちの一人当たりＧＤＰはいくらかご存じですか」という返事が返ってきます。確かに中国は中央アジアに面した貧しい地域などを含めれば、全体としてはまだ発展途上国かもしれません。しかし、太平洋沿岸を見れば日本よりはるかに進んだ経済圏が存在します。確かに、なお経済発展が遅れた地域があるのは事実であるものの、中国には第二の経済大国としての意識をしっかり持ってもらいたい、と議論しています。

政府の産業補助金については、日本もかつてやっていたではないかという指摘があるのも事実です。ただ、日本と中国では、規模や程度が大きく異なります。中国の鉄鋼業界では過剰設備を一億五〇〇〇万トン減らしたと申し上げました。これは当時の中国の生産能力の一割強になりますが、日本の鉄鋼の総生産量は一億トン強ですから、日本一か国分の生産能力を削減したことになります。もちろん、この削減は中国にとっても大変だったろうと思いますが、巨大な中国で過剰設備が生ずれば、それが全体の一割や二割だったとしても、周辺国への影響は極めて大きく感じられるわけです。このことは、中国にはわかってほしいと思いますし、実際に中国もある程度理解はしてきているのではないかと思います。

より対応が難しいのが、ＡＩ産業等の最先端産業です。ＡＩ産業は現在の経済発展の中心に位置するだけでなく、ＡＩ技術を制するものが未来の経済を制するとまで言われています。ＡＩについては二つほど感じていることがあります。

まず、中国ではＡＩやデータを使った個人認証などの技術が急ピッチで進化しています。中国では、日本や欧米諸国と、プライバシー保護について異なる意識を持っているように感じられます。中国と我々の制度の違いが、中国の産業に大きなアドバンテージを与えている可能性があるという点を、私たちはどう考えるべきなのか。

もう一つは、ＡＩ技術では民生用の技術と軍事用の技術との境目がなくなっている点です。

たとえばＡＩを使った最先端の物流倉庫を考えてみましょう。ロボット掃除機のルンバのような台車が荷物をいっぱい載せて、前後左右に自由自在に動いて、集荷や配送の作業を効率的に行っています。しかもＡＩが管理しているので、台車同士がぶつかることはありません。

こうした技術、つまり多くの物体がお互いに衝突することなく集団として移動できる技術は、たとえばミサイルを一〇発一度に発射し、途中でお互い接触することなく、攻撃目標まで安全に誘導する技術としても使えるのではないか。このように民生用と軍事用の技術の区別がなくなってきています。

そうした中で、民生用に開発された技術であっても、従来のように各国間で最先端技術を自由にやり取りしていると、それが軍事技術の移転になってしまったといったことも生じかねません。特にＡＩ技術はそうした面が強く、この点が、アメリカが、中国への技術移転について神経質になっている大きな原因の一つのように思います。

アメリカの中国企業に対する投資規制や輸出管理についても、これまでは軍事技術の分野に限られていましたが、今日では、軍事専用技術に限定するだけでは不十分になってしまった。このため、基盤的な技術や将来どのように使用されるかもわからない新規の技術にまで広げて技術を保護していこうとしています。機微な軍事技術の移転は避けなければなりません。この点、日本がしっかり取り組んでいかなければならないことは言を俟《ま》ちません。ただ、そのためにあまりに広範な民生用に開発・利用されている技術が規制対象になっても、商業活動に大きな制約がかかります。こうしたバランスをどう取っていくのか、アメリカ自身悩んでいると思います。この問題はアメリカだけの問題では済みません。アメリカは、そうした先端技術の規制や管理の強化について、いずれは同盟国にも求めてくることでしょう。日本もその時どう対応すべきか、今から考えておく必要があるでしょう。

言うまでもなく中国市場は巨大でまだまだ成長するポテンシャルを持っています。また、デジタル関連を中心に最先端

「アメリカは、先端技術の規制や管理の強化について、いずれは同盟国にも求めてくることでしょう。日本もその時どう対応すべきか、今から考えておく必要があるでしょう」──松尾剛彦

の技術もどんどん開発・実用化されています。こうした中国市場と、我々はどう向き合っていくべきなのか、今後、日本企業に限らず、欧米の企業も含め、多くの企業が難しい選択を迫られるかもしれません。

移民問題の大きな誤解

石川　私への質問は二つありました。一点目は新しい理論の動向です。フラグメンテーションやグローバル・バリュー・チェーンに関しては、最近新しい研究が理論、実証を含め出てきています。ただ、グローバル化とデジタルエコノミーの二つの視点を同時に取り込んだ理論はまだ見当たりません。

デジタル化だけを取り込んだ閉鎖経済モデルは、産業組織論の中に登場してきています。国際経済学が産業組織論や空間経済学の知見をしっかり取り込みながら新しい理論を積み上げていくことができれば、もっと現実に対応した政策提言ができるようになるでしょう。

もう一つは、途上国が先進国にキャッチアップするにつれて、今度は先進国が保護主義に走る可能性はないのかという質問でした。そうした保護主義の動きはトランプ政権の一部に見られますが、可能性としてそれほど高くない。むしろやってはいけないことだと思います。それを許していると、戦後のＧＡＴＴ・ＷＴＯ体制の下で営々と築いてきた自由貿易の規律がすべて崩れてしまいます。

今、アメリカと中国は貿易不均衡、知的財産保護、技術移転などをめぐって激しく対立していますが、依然としてＷＴＯが一定のアンカー（制度の守り神）として機能しています。しかし先進国が勝手なことをやり始めると収拾がつかなくなり、ＷＴＯ体制が本当に崩壊してしまうことになりかねません。世界経済を自由貿易に向けてリードする国も指導者もいなくなってしまいます。

財やサービスと異なり、移民に対しては比較的簡単に規制を行うことができます。トランプ大統領は治安対策と絡めてメキシコとの国境に壁を建設しようとしています。メキシコから入ってくる中南米の移民を規制するためです。イギリスのＥＵ離脱の要因の一つは東欧諸国からの移民流入です。そうした動きに対して、ＷＴＯは移民を制限してはいけないとは言っていません。移民についてはまさにアンカー不在の状況です。

移民をめぐる議論において、誤解も生じています。たとえばイギリスでは、移民が大量に入ってくると、特に低スキルのイギリス人労働者が割を食う、つまり仕事を奪われてしまうので、移民を厳しく制限しなければならないという意見があります。ところがある実証分析によると、実はそのようなことは起きていません。なぜかと言えば、熟練技術をそれほど必要としない仕事はすでにイギリス人から移民に置き代わっているからです。イギリス人はもう少し高度な仕事に従事しています。

これからの移民流入で何が起こるかと言えば、低スキルの仕事をめぐる移民同士の競争です。イギリス国民にとっては治安悪化などの問題はあっても、イギリス人が心配するようなことが起きるとは限らないのです。このような知見を経済学はきちんと伝えていかなければなりません。

貿易より安全保障優先の傾向

藤田　私はアメリカのペンシルバニア大学ウォートン・スクールというビジネススクールで公共経済学を二〇年間教えていました。聞くところによると、トランプ大統領も娘のイバンカさんもウォートン・スクールの卒業生だそうですが、残念ながら二人とも私のクラスに出ていた記憶はありません。授業に参加してくれていたら、もっと経済学を理解してくれていたのではないか……と残念に思います。たとえば、国全体の貿易収支を考えた時に赤字の継続がよくないのはその通りですが、米中や日米など特定の二国間を取り上げてその貿易収支が均衡していないからけしからんというのは間違っています。

そういう経済学の基本中の基本をトランプ大統領が知っていてあえて二国間赤字を問題にしているのか、知らなくて問題にしているのかは、また別の問題です。

現在、政治の世界では貿易よりも安全保障を優先する傾向が強まっています。我々経済学者も経済学の基本だけでなく、いろんな考えを少しずつ絡めながら議論していく必要があるような気がします。

独自技術を目指す中国

藤田 先ほどのファーウェイの問題をもう少し補足しましょう。現在、米中間で一時休戦になっていますが、トランプ大統領は中国企業にハイテクの技術や部品を輸出することに極めて慎重です。自国だけでなく同盟国にもそれを求めています。少し前にアメリカから同様の制裁をかけられて、倒産寸前に追い込まれた中国企業がありました。ZTEです。

ファーウェイは二回目ですから、一時休戦したからといって、中国はこの屈辱を絶対に忘れることはないと思います。半導体という一番基幹の部品を止められる危険性が現実になったからには、中国は国運をかけても独自開発に取り組むでしょう。実際にそれをやってのける能力も備わっていると思います。

トランプ大統領は中国製品に関税をかけるという自分のピストルで自分の足を撃つ政策を実行しているのですが、中国は独自にアメリカとは違ったハイテクのエコシステムを長期的に作り上げていくはずです。たとえばトヨタ自

「半導体という一番基幹の部品を止められる危険性が現実になったからには、中国は国運をかけても独自開発に取り組むでしょう。実際にそれをやってのける能力も備わっていると思います」――藤田昌久

動車の動きを見てみましょう。トヨタは自動運転技術の開発をアメリカで一生懸命やっていますが、中国ではアポロ計画への参加を正式に表明しています。このアポロ計画は、中国が命運をかけて独自の自動運転技術の開発を目指しているものです。

こうしたトヨタの動きは何を意味しているか。アメリカで開発した技術は、そのまま中国にトランスファーできない恐れがあります。中国は中国で独自の技術を開発しているので、両方に参加しておこうという狙いです。つまり、米中で異なる自動運転の技術体系が出来上がると予測しているのです。

私はこうした米中による独自技術の開発は、多様性の観点からよいことだと思っています。たとえば中国のハイテクのエコシステムは、アメリカを中心とするエコシステムとはかなり違うものが出来上がると思います。最初は米中のそれぞれで独自の発展を遂げるかもしれないが、そのうち両方で自然とコミュニケーションが生まれ、新たな技術が創造される。その結果、米中がお互いに得をする。人類全体でも得になるはずです。

英知は残っているか

溝端　石川先生と松尾前審議官のお話で一致している点は、ＷＴＯが自由貿易のアンカーにならなければならないという点でした。米中貿易戦争については、おそらくグローバルなルールを作るのが現実的な解決策になるのでしょう。

そこで松尾前審議官にもう少しお聞きします。中国は二〇〇一年に、ロシアは二〇一一年にＷＴＯに加盟しました。それによって先進国と発展途上国の不協和音が激しくなったような気がします。こうした対立を超えて新たな制度構築ができるような英知が残されているのかどうか。その点に関して何か感じられた点はあるのでしょうか。

松尾　先ほども述べたように、市場歪曲的な市場補助金は、結局その補助金を導入した国にとっても決してメリットはありません。かつての日本が経験したように、不合理なことは逐次廃止して、市場メカニズムに任せたほうが結果的にうまくいくと納得すれば、新興国もルール化に乗ってくる可能性があると思います。

もう一つは、ルールに加わればそのメリットを強く感じられるようにすることです。たとえば、データや電子商取引が一番わかりやすい例かもしれません。データの自由流通を認めている国は、それだけ多くのデータが流通し、自国のデータ関連産業の発展につながるとか、そういった具合です。

現在の政府調達のルールもそうなっています。政府調達を対外的に開放することを約束している国の間では、必ず約束通りに開放しなければなりませんが、約束していない国、つまり閉ざしている国にまで同様に開放する義務はありません。開放を約束していない国は差別的に取り扱われても文句は言えないのです。他の分野でも同じようなルールを作っていこうという選択は、今後の議論としてありうると思います。

最悪のシナリオ

石川　ＷＴＯ改革は確かに必要ですが、今一番怖いのはアメリカがＷＴＯから脱退してしまうことです。アメリカがＷＴＯから脱退したら、中国などの大国も追随して収拾がつかなくなる怖れがあります。そうした不測の事態が起きないようにすることが大切です。

ＷＴＯ上級委員会の委員の人数を定数まで戻すというのも大きな課題ですが、先進国の間ではまず補助金改革をしようということで合意しています。日本、ＥＵ、アメリカがＷＴＯの枠組みの中で協力しながら、中国の補助金問題を解決することになっています。この背後には、日本やＥＵがアメリカをＷＴＯに何とか引き止めようという意図もあります。とにかく大国がＷＴＯから抜けないようにすること、それに紛争処理がもう一度機能するように体制を立て直すこと。この二つが当面の重要課題と言えるでしょう。

藤田先生から貿易収支の議論が出ましたので、追加でコメントさせていただきます。

「アメリカがWTOから脱退したら、中国などの大国も追随して収拾がつかなくなる怖れがあります」――石川城太

繰り返しになりますが、二国間の貿易収支を問題にするのはほとんどナンセンスです。貿易の結果、世界全体に対して赤字になった、黒字になったと議論するのはマクロ経済学的には意味があります。しかし特定の二国間の貿易収支だけを取り出して議論するのはあまり意味がありません。

ここでは議論をわかりやすくするために、若干の誤解を覚悟の上で家計を例に少し大胆に説明しましょう。私は大学に勤めています。大学で教育というサービスを学生に提供することや研究に従事することで収入を得ています。私の「貿易収支」は大学に対して黒字です。一方、私はスーパーなどで食料品や衣料品などを買って生活しています。私の「貿易収支」はスーパーなどに対して赤字となります。私の家計は大学で得たお金とスーパーなどで支払ったお金が均衡していれば問題は生じません。

つまり貿易相手国の中には赤字となっている国と黒字となっている国があって、少なくとも全体として貿易収支、あるいは経常収支が均衡していれば問題は生じないのです。

経済学的に言えば、国全体としての投資と貯蓄のバランスが経常収支の赤字、黒字の背後にあります。経常収支で大きな部分を占めるのは貿易収支ですが、経常収支赤字は国内の投資が貯蓄を上回っていること、経常収支黒字は貯蓄が投資を上回っていることを意味しています。

藤田先生が指摘されたように、赤字はその国が稼ぐ以上に使っていることを意味します。つまりアメリカはある意味、身分不相応の消費をずっと続けている。どこかでそれを反転させ、身の丈にあった生活に戻さなくてはなりません。

貿易赤字は悪いことか

石川　貿易収支について、さらに二点を指摘したいと思います。

統計上では、アメリカは中国に対して貿易収支赤字が年間で三八〇〇億ドルぐらいあります。それはモノだけの貿易です。これにサービスの貿易を加えると、アメリカの中国に対する赤字額は三〇〇〇億ドル程度に減ります。サービスとは、保険、建設、旅行、コンサルティングなどのことです。日本もアメリカに対して貿易黒字を出していますが、モノだけの貿易収支とモノとサービスを入れた貿易収支を比べると、後者のほうが少なくなります。

付加価値を加味すると、さらに貿易収支の見え方が変わります。

たとえばアメリカ企業のアップルは中国でiPhoneを組み立てていますが、部品は日本、韓国、台湾などから輸入しています。中国国内で生み出されている付加価値はそれほど多くありません。付加価値ベースで見ると、中国のアメリカに対する黒字は公表数字より随分小さくなります。

一方、日本は日本製部品が中国で完成品に組み立てられてアメリカに輸出されているので、逆に付加価値ベースの対アメリカの貿易黒字は大きくなります。

いずれにしても、統計をどう捉えるかによって貿易黒字の大きさが変わってくるということ、それに二国間だけで貿易収支をバランスさせるのはナンセンスだということです。

また一般に貿易の赤字は悪いことで黒字は良いことだというイメージが定着しているのも問題です。以前、私がカナダに住んでいた時にニュース番組のキャスターが「本日は悪いニュースがあります。カナダの貿易収支が赤字になってしまいました」と話していました。どうして貿易収支の赤字が悪いニュースなのか、その根拠がはっきりしていません。国の貿易収支を家計と同じように見なすと、「赤字＝悪い」となるかもしれません。しかし、家計と国は違うことを理解しなければなりません。経常収支あるいは貿易収支が赤字でも、ずっと成長を続けてきた国はあります。歴史的に見ると経常収支の発展段階説という学説もあります。経常収支の動きは国の経済発展の段階に応じて赤字や黒字に変化し、それは健全であるという学説です。

このように貿易収支や経常収支の黒字や赤字は総合的に判断する必要があります。ある時点だけ、あるいはある貿易相手国だけを取り上げて赤字は悪い、黒字は良いと決めつけることは大きな過ちです。

勢いを失ったメガFTA

服部（司会） 松尾前審議官にお聞きします。WTOの改革を急がなければならないということですが、それ以外にも日米貿易交渉、米中貿易摩擦、アメリカのTPP脱退、メガFTA交渉など難問山積です。これから先の通商交渉についてどのようなイメージをお持ちでしょうか。

松尾 今から一〇年ほど前、まさにメガFTA全盛の時代でした。日本はアメリカとTPPを構想し、そこで事実上、世界貿易のルール作りをリードしてきました。TPPで作ったルールは、いずれ世界標準になり、中国も従うようになるのだという議論もありました。当時はアメリカとEUの間でもFTAが議論されていました。アジアとの間でRCEP（東アジア地域包括的経済連携）の議論が始まったのも、ちょうどこのころです。

ところがオバマ政権の間に、まずアメリカとヨーロッパのFTAが頓挫しました。TPPはアメリカを含む参加一二か国による署名までこぎ着けましたが、結局、トランプ政権に代わった直後にアメリカが離脱してしまった。現在、メガFTAはかつてのモメンタムが失われたままの状態です。

そうした中で、たとえば産業補助金などについては、WTO全体ではないが、有志国でルールを作り、そこに中国を巻き込んでいこうという議論になってきています。もちろんアメリカがもう一度TPPに復帰してくれれば実質上の規律が出来上がることになります。

これらを同時並行的に進めていく形になっています。

ところがインドや南アフリカなどの国々では、有志国が勝手に新しいルールをどんどん作っていくことに対して慎重です。かつてのGATTあるいはウルグアイ・ラウンドのように、先進国に有利なもの、途上国に有利なものを含めたパッケージにして合意をまとめてほしいと主張しています。

しかし、ＷＴＯ加盟国数は一六四に増え、問題も複雑化しています。とても容易に一六四か国のコンセンサスは作れませんし、以前のように、先進国がいくらか妥協すれば、途上国も満足できるような合意が作れるといった状況にもありません。そうなると、どこかで割り切って、合意できる国だけででも、まずルール作りで合意するといった取り組みをしていかざるを得ないのではないかと思います。

「恵まれている」中国ＡＩ企業

松尾　先ほど石川先生がアメリカのＷＴＯ離脱論に触れられましたが、アメリカの主張を突き詰めて言えば、現状のままでは自国の利益を守れないということです。中国の行為を罰しようと紛争解決制度に訴えても、アメリカの立場からすると、ＷＴＯの上級委員会（＝最高裁判所）がルールを抑制的に運用するため、アメリカが期待するような成果を得ることができないと見えているのです。

アメリカから見ると、ＷＴＯの上級委員会は、加盟国が本来合意したルールに従って紛争を解決していない。委員の勝手な解釈でルールを変えるのなら、そんな委員の任命は認めないというのです。たとえば、アメリカは中国の産業補助金を問題視していますが、現在の上級委員会の判断を前提とする限り、現行のＷＴＯのルールでは中国の産業補助金を違法と評価することは、とても難しい。したがって、アメリカとして、産業補助金ルールの強化が必要だと主張しています。中国からすれば、そうしたアメリカの意向に従って産業補助金ルールを強化されてはかなわないという思いを持ってもおかしくありません。ただ、現在のように、ルールがないということで、アメリカから二国間交渉で、さまざまな制裁も課されながら対応を求められるよりは、すべての国に公平に適用されるＷＴＯのルールに則って問題を解決したほうがよいというように考えを変えるかもしれない。そういう意味で、現在は大きな分かれ目だと思います。

少なくとも現時点では、中国はＧ20などでＷＴＯの守護者だと高らかと宣言しています。その心意気は評価すべきであり、ぜひアメリカとの関係でも、ここはＷＴＯを守るために自らを律するルール作りの路線を選んでほしい。そういう中国であってほしいと思います。

最後にデータの利活用について述べたいと思います。

先ほども申し上げた通り、中国ではプライバシー保護について異なる意識を持っているように感じられ、中国と日本や欧米との制度の違いが、中国の産業にアドバンテージを与えている可能性があります。加えて、自動車の自動運転や、ドローンによる荷物の配送などについても、積極的に企業による取り組みを認めています。これも、たとえば、日本について言えば、万一事故が起こって、歩行者や周辺の住民の方々が被害を受けたらどうなるか、ということで、なかなか簡単に民間がビジネスに取り入れるということにはなりません。

つまり、中国は、ＡＩ産業にとって理想的なビジネス環境を提供しているわけです。

そうした中国のＡＩ企業と、日本や欧米のＡＩ企業は、どのような国際ルールの下であれば、公平に競争できるのか。一定の保護を前提にしつつ、どうしたら、より世界的にデータが流通しやすい環境を作ることができるか。しかも、ＡＩ技術に関わるデータは安全保障とも深く関わってくる可能性があります。こうした中で、あるべき国際ルールは何か。私たちとしても大いに頭を悩ませているところです。

自由貿易の旗手になれ

藤田　中国が現在、自由貿易の旗手のように振る舞っていますが、中国にとってたまたま都合がよいからそうしているだけのことでしょう。

中国政府の一番の目標は共産党による一党独裁です。一四億の国民から支持を得るには経済成長を続けなければなりません。この一党独裁という大目的からいろんな個別の政策が出ています。当面の中国にとって自由貿易はいろんな意味で好都合なので、それを支持しているだけのことでしょう。

一方、トランプ大統領は二〇二〇年の大統領選でいかに勝つかが中心課題になっており、有権者の支持を固めるために通商面では保護主義に大きく傾いています。

米中がこうした政治状況の時に、いったい誰が本気になってＷＴＯの長期的な改革を行えるのでしょうか。その点で、日本はもっとしっかりしなければいけません。

本日は日韓通商問題を提起したくなかったのですが、やはり一言いわざるを得ません。

Ｇ20大阪サミット宣言をまとめた二日後に、日本は韓国に対する半導体部品の輸出規制強化を発表しました。もちろん理屈はさまざまあるでしょう。しかし大阪サミット宣言で「自由、公平、無差別な貿易及び投資環境を実現し、市場を開かれたものにするため努力する」と高らかに謳いあげたにもかかわらず、その二日後にその理念に反することは行うべきでないと思います。サミット宣言の二日後に発表するというのは、宣言をまとめる前から韓国への輸出管理強化を議論していたことになります。日本の信頼性や誠実さが問われても仕方ないのではないでしょうか。

日本は、アメリカと中国の両方を理解できる立場にあります。両国の間を行ったり来たりできる能力があります。日本にはもっと長期的な視点から自由貿易の理念をしっかり掲げて、世界をリードしてほしいと思います。

服部（司会）　G20は国際協調の場ですが、国家体制や民主主義のあり方など各国の政治的思惑もいろいろ絡んできます。G20はこれから先どうなっていくのか。藤田先生のご指摘も含めて、松尾前審議官に答えていただきたいと思います。

松尾　今回の韓国への一部品目の輸出に関する措置は、輸出を制限しようというものではありません。もともと安全保障上機微な技術については、本来、輸出案件を一つひとつチェックしていかなければなりません。ただ、日ごろからの信頼関係があり、先方も安全保障上の輸出管理等をきちんとしている国との間では、包括的に許可を与え、一回一回の輸出のたびに許可を得なくてもよいということにしています。ところが韓国との間では、特定の製品について、このように包括的に許可を与える前提となる輸出管理の実施ができているという確認ができなかったので、今後は個別に確認させてもらいますということに変更したわけです。

藤田　ここで引き下がるわけにはいかないので、一言だけ申し上げます。今回の措置が輸出制限でないというのは、それこそ詭弁を弄する典型です。自由貿易というもともとの理念に反するわけで、そうしたことをやっていては、日本は世界のリーダーになれないと思います。

松尾　いろいろなご意見はあるかもしれませんが、政府の考え方としては、今申し上げた通りです。

もう一つの質問にあったG20ですが、この次の議長国はサウジアラビアです。その次がイタリア、インドの順番になっています。おっしゃる通り、経済発展の度合いや政治体制等もさまざまで、それぞれの国が異なるプライオリティを持っています。しかし、G20は、そうしたさまざまな違いを乗り越えて、各国が協力して世界経済の安定・成長を実現していくためのフォーラムです。

日本としては、本年（二〇一九年）一一月末まで、議長国としての責任をしっかり果たすとともに、その後も、G20がしっかりした成果を出せるよう、議長国を助け、建設的に議論に参加していくことが重要と思います。

もっと歴史を学ぼう

服部（司会） 皆さんの議論をお聞きして、これからの国際関係では政治や経済だけでなく、文明、文化、歴史など幅広い視点で情勢を分析することが大切になってくると感じました。これから社会に出て

「皆さんの議論をお聞きして、これからの国際関係では政治や経済だけでなく、文明、文化、歴史など幅広い視点で情勢を分析することが大切になってくると感じました」――服部崇

行く学生にも、できるだけ早い段階から総合的な思考法を身につけてほしいと思います。

そうした観点を踏まえて、藤田先生、石川先生、溝端先生には今後の大学教育のあり方について伺いたいと思います。松尾前審議官には今後の大学教育に求めること、あるいはこれから行政に携わる若い人たちに向けて何かメッセージがあればお願い致します。


藤田　私の出身学部は経済学部ではなく工学部の土木科です。土木で重要なのは、現場、つまりダム建設の現場に行って、建設作業員の方たちと夜を徹してお酒を飲んで、飲み負けないことです。いかにお酒に強くなるか、これが非常に大事なことでした。それさえマスターすれば、あとは適当に単位を取るだけでよかった。私はお酒が強いほうではなかったので、経済に移ってしまいました。

このようなわけで、私は経済学部の教育についてあまりコメントする立場にありませんが、ただ一つ言えることは、学部時代は専門にこだわらずいろんな勉強をしてほしいと思います。

一つの例を挙げると、私はポール・クルーグマンと一緒に仕事をしたことがあります。ノーベル経済学賞を受賞した大変有名な学者です。彼は学部から大学院へ進学する時に、経済、歴史、コンピューターの分野でどれを専攻するかで大いに迷ったそうです。最終的には経済学を専攻したのですが、実際、彼はいずれの分野も得意でした。学部時代に分野にこだわらず、いろんな勉強をした成果だと思います。

彼の論文で非常に面白いのは、歴史的な背景を具体的な例を交えながら紹介している点です。それによって論文全体が生き生きとしてくる。

私は学生に対して経済学とともにもっと歴史を勉強することを薦めたい。ただ歴史は授業や教科書で習うことも必要だが、それですべてがわかったと思ったら間違いです。これは極端な例かもしれないが、第一次大戦と第二次大戦の戦間期のドイツの状況を深く理解するには、ヒットラーの著書『わが闘争』を読む必要があると思います。

しかし『わが闘争』は、ドイツ国内では大学で読むのが禁じられています。おそらく日本でも学生にそれを読ませる先生はいないでしょう。

私が言いたいのは、歴史はきれいごとでは済まないという点です。きれいな部分とどろどろした部分の両方で成り立っています。この両方を捉えるには、自分でさまざまな本を読み、旅行することが必要です。人間のどろどろした部分は歴史の中だけでなく、現実の世界にもたくさんあります。たとえば広い意味での男性と女性の関係は大学の授業で取り上げられることはほとんどあり得ません。自分で経験し、失敗して学ぶものです。

学生は特に学部の時に大いに経験を重ねて、世界中を旅行して、それから自分でいろんな分野の本をたくさん読んでほしい。授業はほどほどの単位が取れるぐらいにやっておれば十分です。

交流に向けた土台作り

石川　現役の教員としては学生に勉強するなとは言えませんが、私自身も学部生の時は大学の勉強よりもマージャンや部活動（体育会バレーボール部）に精を出しました。マージャンでは中国語と確率、それに相手の心理を読む手法を勉強（？）した記憶があります。部活動では、組織運営の難しさやリーダーシップについて実践的に学ぶことができました。雀荘や居酒屋で社会問題を議論したことも多々ありました。読書も今よりはるかにしていました。要するに、教室外でいろいろな勉強をしていたと言えます。
現在の教育のあり方についてですが、藤田先生から興味深い話を伺いました。知識の創造には二つの楕円があって、それらが交わることが重要だということでした。そこで心配されるのは、二つの楕円が交わらないケースがありうるということです。アメリカと日本の学生がそもそも交わらなければ、知識創造どころの話ではなくなります。学生がきちんと交流できるための教養の土台を作ることが求められているのではないでしょうか。

また実際に交わる機会を大学側が提供するのも大切かもしれません。個人的な旅行もよいですが、外国に皆で出かけて討論会をしたり、海外の学生や留学生を呼んで一緒に議論したりしてもよいと思います。

いずれにせよ、大学時代には本業の勉強もさることながら、いろんな人とできるだけ多く交わって、生涯の糧になる経験を積んでほしいです。

本質を見きわめる眼

松尾　G20大阪サミットのプロセスが始まった昨年（二〇一八年）一二月より前にこういう貴重な意見交換の場に参加していれば、もう少し広い視点で交渉に臨むことができたのではないかと感じました。

私自身の反省も含めてですが、現在の国際貿易のいろいろな出来事の中で何が本質であり、それが大きな歴史の流れの中でどう位置づけられるのか、こうした点を理解して初めて次の一手が見えてきます。目先のことだけを議論すると、どうしてもお互いの対立が障害になって先に進まない。一〇年、二〇年先の将来を一緒に考える中で現実の問題も解決していこうと提案すれば、もっと議論がまとまりやすかったのではないか。

学生には、まさにそうした本質、あるいは大きな流れを見きわめる眼をぜひ身につけていただきたい。大学にもそうした支援をお願いしたいと思います。

多様性に対する寛容さ

溝端　今の学生は勉強し過ぎだという指摘がありました。私もその通りだと思います。藤田先生は土木で、私はロシア語の出身です。「ロシア人に飲み負けるな」というのが学生時代の先生の教えであり、その点だけは合格したのかなと思っています。

本日の議論で一番印象に残ったのは、社会の多様性を大事にしなければならないという点です。そのためには社会が寛容である必要があります。ところが実際には社会の寛容性は次第に薄く、狭くなっています。だからこそ教育の現場は寛容さをもっと大切にしなければなりません。

現在の日本の大学のカリキュラムは、かなりアメリカナイズされています。「世界に負けない教育環境をつくる」というのが、教育界の一種のスローガンになっています。もちろんそれも大切ですが、藤田先生の正倉院のエピソード（講演3）にあったように、重要なことは、それぞれ地域が新しい技術と知識を創造的に用いて、独自の文化を発展させることです。そのためにも日本独自の文化だけでなく、他文化に対する寛容さをもっと教える必要があるように思います。


服部（司会） 本日は「文明と国際経済の地平」と題しまして、講演とパネル討論を行ってきました。新たな地平が見えましたでしょうか。

それでは、これでパネル・ディスカッションを終了したいと思います。

あとがき

本書は、二〇一九年七月六日に開催された京都大学経済研究所シンポジウム「文明と国際経済の地平」の記録である。シンポジウムは、前半の講演と、後半のパネル・ディスカッションからなる。午後二時から五時半まで、二〇〇名超の会場が最後まで満員であるほど、熱気ある議論が行われた。

京都大学経済研究所のシンポジウムを書籍にまとめたのは、これが三回目となる。第一回目は、二〇一八年一〇月六日に開催された「資本主義と倫理―分断社会をこえて―」であり、そこでは資本主義の本質や経済学のあり方について議論が交わされた。第二回目は、二〇一九年三月二日に開催された「政策をみる眼をやしなう」であり、政策をみる眼、社会をみる座標軸について議論が交わされた。そして、今回は、国際経済と文明のあり方を問う根本的なテーマに、G20大阪サミットを終えたばかりの経済産業省の担当審議官を迎え、国際経済学、空間経済学そして比較経済学の学界の論者との間で議論が交わされた。

第一講演者の松尾剛彦・経済産業省大臣官房前審議官（通商政策局担当）には、G20の現場の担当者として活動した経験をもとに、ニュースでは報じられないビビッドな情報をご提示いただいた。米中貿易摩擦など世界が直面する貿易上の課題とその背景、デジタリゼーションの進展とそれへの対応、WTOが抱える諸課題への対応などについて、G20の閣僚声明や首脳宣言の紹介も交えて解説していただいた。

第二講演者の石川城太・一橋大学大学院教授には、アカデミックなスタンスから、「なぜ自由貿易が望ましいのか」「どのような時にそう言えるのか」「どうしてうまくいかないことがありうるのか」といった議論を展開していただいた。また、フラグメンテーションからグローバル・バリュー・チェーンの形成につながるプロセスと、それを受けたグローバリゼーションの発展の方向性について、さらにWTOが抱える組織的な課題やデジタルエコノミーに関連する課題についても取り上げていただいた。

第三講演者の藤田昌久・京都大学経済研究所特任教授の講演は、幅広い知識と視点から熱のこもったものとなった。特に、「文明の進歩」を手がかりに、ダイバーシフィケーションの重要性と、その活用についても事例を交えつつ解説している。現在、米中貿易摩擦は、喫緊の問題として関心を集めている。これに関しても、「バベルの塔」を引き合いに出しながら多様性の効用を肯定的に評価しており、藤田先生らしい未来志向の提言を受け取ることができた。

そして、パネル・ディスカッションでは、京都大学経済研究所の溝端佐登史所長・教授と服部崇特定准教授が加わり、右記の講演を受けた活発な議論が行われた。国際経済秩序の行方を見据え、文明の衝突を乗り越えるためには、まさに文殊の智慧を絞って、国際社会が対応していくべきであると認識している。

藤田教授の講演で最後に引用されていたオバマ元アメリカ大統領の言葉「United in Diversity, Yes, we can!」には前向きなメッセージが込められていた。日常的に「Yes, we can!」の視点で物事を考える必要があると感じた次第である。

本書の作成にあたっては、シンポジウムの構想段階から多くの方々にお世話になった。

前々回、前回に続き編集を担当いただいた東洋経済新報社の井坂康志さん。シンポジウムの運営を担当いただいたCSセンターの野田穣さんはじめスタッフの方々。そして、経済研究所のスタッフ、とりわけ秘書の庵原文子さんには、シンポジウム開催にあたり入念な準備をしていただいた。これらの方々に感謝申し上げる。

最後に、本シンポジウムや本書は、京都大学経済研究所の「先端政策分析研究推進事業（第Ⅲ期）」と「エビデンス・ベース社会の構築に向けた人文社会科学の学際融合・最先端研究人材養成事業」の一環として文部科学省から支援を受けたものであることを付記しておく。

二〇一九年　秋

京都大学経済研究所
所長　溝端佐登史
副所長　西山　慶彦
特定准教授　服部　崇

著者略歴

松尾剛彦（まつお・たけひこ）

一九六六年生まれ。東京大学法学部卒業。通商産業省（現経済産業省）入省。ジョンズ・ホプキンズ大学高等国際問題研究大学院修士。経済産業省大臣官房会計課長等を経て、二〇一九年七月まで経済産業省大臣官房審議官（通商政策局担当）。現在、内閣府宇宙開発戦略推進事務局長。

石川城太（いしかわ・じょうた）

一九六〇年生まれ。一橋大学経済学部卒業。一橋大学大学院経済学研究科修士課程修了、ウェスタン・オンタリオ大学経済学研究科博士課程修了（Ph.D.）取得。現在、一橋大学大学院経済学研究科教授。専門は国際貿易論。主な著書に『国際貿易理論の展開』（共編著、文眞堂）など。

藤田昌久（ふじた・まさひさ）

一九四三年生まれ。京都大学工学部土木工学科卒業。ペンシルバニア大学大学院博士課程地域科学専攻修了。京都大学経済研究所長・教授、独立行政法人経済産業研究所長、甲南大学特別客員教授等を経て、現在、京都大学経済研究所特任教授。主な著書に『空間経済学』（共著、東洋経済新報社）など。

溝端佐登史（みぞばた・さとし）

一九五五年生まれ。大阪外国語大学外国語学部卒業。京都大学大学院経済学研究科博士後期課程退学。博士（経済学）。岐阜経済大学経済学部助教授等を経て、現在、京都大学経済研究所長・教授。主な著書に『ロシア経済・経営システム研究』（法律文化社）、『ロシア近代化の政治経済学』（文理閣）など。

服部崇（はっとり・たかし）

一九六七年生まれ。東京大学教養学部卒業。通商産業省（現経済産業省）入省。ハーバード大学ケネディ行政大学院修士（公共政策）、東京工業大学博士（学術）。国際エネルギー機関（ＩＥＡ）環境・気候変動ユニット長、経済産業省経済連携交渉官等を経て、現在、京都大学経済研究所特定准教授。

編者紹介

京都大学経済研究所附属先端政策分析研究センター（ＣＡＰＳ）

二〇〇五年に京都大学経済研究所内に設置され、政府関係機関と密接に連携して、先端的な経済学の理論・実証分析に基づき、政策の具体像の提言に向けたエビデンスベース・ポリシー研究を推進し、成果を社会に向けて発信することを目的とする組織。

文明と国際経済の地平

2020年1月2日発行

編　者——京都大学経済研究所附属先端政策分析研究センター
著　者——松尾剛彦／石川城太／藤田昌久／溝端佐登史／服部崇
発行者——駒橋憲一
発行所——東洋経済新報社
〒103-8345　東京都中央区日本橋本石町1-2-1
電話=東洋経済コールセンター　03(6386)1040
https://toyokeizai.net/

装丁・ＤＴＰ…アイランドコレクション
編集協力………川島睦保・渡辺稔大
印刷・製本……藤原印刷
編集担当………井坂康志
Printed in Japan　　ISBN 978-4-492-96174-2